U0045240

相 信 閱 讀

Believing in Reading

財經企管 ④④

偉大經濟學家
Milton Friedman

費利曼
Friedman

封面設計／吳慧妮

偉大經濟學家費利曼

施建生　著

偉大經濟學家
Milton Friedman

費利曼

自序

　　正在四十五年前，我承美國傅爾伯萊特基金會之邀赴美國，到一個距芝加哥約一小時車程的小城洛克福一間以地名為校名的 Rockford College 擔任客座教授一學期。在一個深秋的晚上，該校經濟學系邀請芝加哥大學教授費利曼前來講演，我自然就前往聽講了。

　　回憶我這一生聽過中外人士這一類的「名人講演」不知其數。以口齒伶俐、詞藻優美、內容豐富與態度懇切論，就無一人能與費利曼相比。這使我對他無限的敬佩。他講畢後我曾與他略作交談，最後問他如何回到芝加哥，他說，「我自己駕車回去。」聽了以後使我感到自己畢竟已離開美國十多年了，對美國一般人的生活習慣都幾乎忘卻了。現想起當年在哈佛攻讀時，有一次韓森教授（Alvin H. Hansen）邀了我們幾位中國同學到他家中去晚餐，事後不是韓森教授自己將我們幾位沒有車的人送回來的嗎？（當時正在二次世界大戰期間，民用汽車已不再製造而改製軍用車，舊車市場亦供不應求，許多人都是沒有自備汽車的。）

　　我對費利曼那次講演固不勝仰慕，但也像我參加許多其

他類似的名人講演一樣，聽過以後也就不會想到以後還會與他再有會晤的機會。可是這一次亦像我上次在哈佛聽海耶克（F.A. Hayek）講演後一樣都反常地有了重聚的機會。這是因為我那次訪美任教分為兩學期，下學期即轉赴距華府也約一小時汽車行程的一個小城Emmitsburg的一間Mount St. Mary's College執教。到了任務將近完成時，忽然接到當時主持台灣經濟發展大計之主要人物之一的李國鼎先生來信，望我能取道歐洲返國，順便在維也納以賓客身分參加一個由海耶克組成的歐洲經濟學會的年會。我自然樂於遵囑前往，結果發現這不是歐洲經濟學會，而是一研究古典自由主義的國際學術團體，稱為蒙柏崙學會（Mont Pelerin Society）。此會是海耶克所發起，而費利曼則為其創立時首次參加的三十九人中之一。翌年（1965年）我即成為正式會員，該會每年都分別在世界各地舉行年會，這樣我與費利曼以及海耶克會晤的機會就多了。

最近幾年我已不常去參加，聽說費利曼也已不常去了。不久以前他與夫人合作寫了一部他們的回憶錄，正託我在美定居的女兒惠寧購寄給我一本來閱讀。不料他突於2006年11月16日逝世，不勝悼念。因而我就想寫一本像現在這樣的書，以介紹他在經濟學上以及一般政策上的貢獻，俾能增加一般對這位被稱為二十世紀下半葉最有影響力的經濟學家有興趣的人的瞭解。

這四年多來我寫出這樣的書，這已是第四冊，除了第一

冊《偉大經濟學家熊彼德》中最後曾表達對台灣大學、中華
經濟研究院與台灣經濟研究院提供我工作的環境、圖書與設
備的謝忱外，後來兩冊都沒有再這種表達，這是我的疏忽。
現就趁這第四冊出版時再一併表達我的感銘，特別是中華經
濟研究中的許雯女士，她常常從電腦中幫我找到我所需要的
資料，尤為感激。最後天下遠見文化公司願為發行當然也是
我應銘謝的。

施建生

2008/6/26，於台北

第一章　　教育基礎

　　一般都認爲亞當‧斯密（Adam Smith, 1723-1793）是現代經濟學的鼻祖，那麼費利曼（Milton Friedman, 1912-2006）就可以說是他在二十世紀最傑出的弟子。

　　在亞當‧斯密看來，一個社會如能在自由競爭的架構之下，由各人發揮其追求自利的天性，從事經濟活動是能產生最宏著之效果的。在這種經濟制度之下，不需要利他主義的鼓舞，因爲其對於財富的創造與其他需要的滿足都沒有利己主義那樣可靠，那樣具有雄厚的力量，更何況利他是罕見的人性，而利己則是與生俱來的。所以亞當‧斯密對政府的獻策是不要干預人民的經濟活動，聽其自由的運作。所謂自由放任（laissez faire），這就是他所要傳輸的經濟主旨。

　　費利曼的重大貢獻是在於二十世紀30年代，現代經濟發生空前的大蕭條（Great Depression），自由企業制度之存在都已受到嚴重威脅的時候，仍能指出亞當‧斯密所宣揚的自由經濟的意旨還具有充沛的生命力。我們只要研擬出許多靈巧的方法，利用自利與市場力量去圖謀社會經濟問題的解決就可以了。這時與他同代的經濟學家大多數都已改弦易轍，認爲應由政府出面協助，以改善經濟操作，並增進社會福祉。費利曼這種對於經濟自由理念的篤信，以及其認爲此種理念仍適用於爲一個高度工業化、而且富有組織性的社會作雄健的辯護，就使他成爲美國與其他各國之企業界人士所最欽仰的經濟學家。在他們心目中他是一位英雄。但費利曼卻不僅僅是亞當‧斯密的再生。亞當‧斯密從事著述時，是當

英國產業階級正在興起，以抵制封建威權之約束，而求自己的解放時，他所憂慮的是產業利益與其可能形成的以消費大眾為犧牲的壟斷趨勢；而費利曼卻是在當產業階級已居於主宰地位之後而成為他們的辯護者。二者所處的時代背景是迥然而異的。

一、貧寒的移民家庭

儘管費利曼是如此的為產業階級而辯護，他自己的出身卻非常寒微。他父母都是在十五歲左右於 1880 年代分別從東歐移民到美國的貧窮猶太人。那個地方稱為 Carpatho-Ruttenia，當時是屬於奧匈帝國的，第一次世界大戰後改為捷克的一部分，第二次世界大戰後則改屬蘇聯，1991 年蘇聯瓦解後則為烏克蘭屬地。他倆帶到美國去的「只有一雙手與一張口」。（注 1）到美國後兩人相識而後結婚。他母親一到美國就找到一個在「汗水工廠」（sweatshop）裡的縫紉工作。「汗水工廠」的名聲一向很惡劣，被認為是一待遇低微、工作辛苦的剝削勞工的場所。但據費利曼說，他母親對此工作從無怨言。她認為這不但可以使她維生，而且還可使她有機會學習英文與適應新的國家。他父親則一直是自行經營一些小生意。（注 2）

費利曼生於 1912 年 7 月 31 日，在他之前還有兩位姊姊。到十三個月大的時候，他家就從紐約的布魯克林（Brooklyn）

搬到哈德遜河（Hudson）對面的一個叫 Rahway 的小工業城，這已屬紐澤西（New Jersey）州了，與紐約僅有二十英里的距離。他父母在那邊開了一間小布匹雜貨店，由母親任經理，父親則仍每天往返紐約從事一種他自稱爲 jobber 的工作，到晚間再回到家裡來。費利曼說他不知何謂 jobber，但「有一點我是知道的，這就是他沒有賺得多少錢。」（注3）不過，那間小店則尚足以維持一家的生計。到他十五歲時，父親就逝世了，此後一家四口就完全依賴母親一人辛勞撐持。

費氏在中小學階段，成績都非常優異。在中學階段遇到一位教公民的老師，同時亦兼教數學，極爲精采，使他從此對於數學特別感到有研習的興趣。他亦參加一些課外活動，曾代表學校參加《紐約時報》所舉辦討論憲法的講演比賽獲得優勝。這是他的名字第一次刊載於大報中。同時，他也很喜歡閱讀各種書籍，當地的圖書館所有的藏書幾乎都被他看過。他認爲這對於他的教育上所扮演的角色，與他所進的學校所扮演的同樣重要。他也曾受過一種宗教訓練，但當他十三歲時，就認爲宗教是沒有意義的，不再發生興趣，最後則成爲一位徹底的不可知論者（agnostiscist）。

二、進入羅格斯大學

到 1928 年中學畢業時，由於老師中有兩位是羅格斯

（Rutgers）大學出身的，因而吸引他也想要進該校攻讀。另一更重要的決定因素是紐澤西州政府正推行一項措施，對進入該校需要資助的學生提供一些免學費的名額，以通過考試方式決定頒發的資格。這是該州政府想要將這間原來私立的小型大學，擴展成為今天這樣一個巨型的州立大學的第一步。結果費利曼參加了考試並獲得獎學金。他當時還曾申請賓夕凡尼亞大學（University of Pennsylvania）的獎學金而未成功。幸而有上項免學費獎學金，不然以他當時的家境是無力進大學的。

　　他家距離羅格斯大學所在地 New Brunswick 只有十二英里，而且都在鐵路沿線，所以許多學生都是通學的。但費利曼則想領略大學的生活而決定住校。當時全國經濟還未陷於不景氣，所以他要找課餘的工作還很容易。他先在一家百貨公司找到一個兼任工作，待遇不錯。後又在宿舍對面找到一家餐廳擔任午餐侍應工作，待遇是一頓免費午餐，因而他也就將此做為一日之主餐。唯其如此，他常常不能按時去上下午一時半的課，結果儘管考試成績不惡，得到的等級還是Ｃ。這是他在大學成績內唯一的Ｃ等。他曾向老師抗議，老師的答覆很簡單：到大學來是為念書，不是到餐廳中接待顧客。費利曼頗感心服。但他後來告訴他的夫人這件事時，她則不以為然，她認為這位老師缺乏對窮困學生力圖上進的同情心。同時，他從那一午餐工作中亦學到了企業家精神之發揮是如何的重要。當他在那店工作時生意都很好，數月後老

闆將之出售給另一人繼續經營,則生意總是清淡。數月後這人再將之賣回給原來的老闆,生意又再見興旺。這樣時興時衰的循環,在他任職期間就出現了許多次。費利曼認為,這就是一事之成敗,取決於主持者之是否能發揮企業精神的明證。(注4)此外他還做了一些零星的工作。

一到暑假期間,他則全力從事兩種不同的工作:一種是在7月4日國慶期間替人銷售煙火,一種是替中學生補習功課。後者收入較豐,同時亦可由而學到如何教好學生的技巧,這對他一生的影響也很大。總計他在大學期間從這些課餘工作中所獲的報酬相當可觀,到後來他進入芝加哥大學研究所時還有些儲蓄可以應付一時的困難。

那麼學業方面又如何呢?由於他對數學很有興趣,所以他起初是主修數學的。又由於他只知需要運用數學的職業是保險公司的精算師,而要成為一位精算師則須通過同業公會所舉辦的一系列的考試。因此,他在大學期間就去參加了。有些課目是通過了,有些則沒有通過,他說:「這是他所記得的一生唯一不能通過的考試。」(注5)

他偶爾也選修一些經濟學的課程,這就使他遇到兩位出色的經濟學老師。他們對他一生事業的發展發生了莫大的影響。一位是柏恩斯(Arthur F. Burns, 1904-1987),當時他還正在撰寫他攻讀之哥倫比亞大學(Columbia University)的博士論文,後來曾任該校教授及國民經濟研究院(National Bureau of Economic Research)院長,聯邦準備制度(Federal

Reserve System，也就是美國的中央銀行）總裁（可簡稱爲聯準會主席）等職。費利曼認爲與柏恩斯不斷接觸中，使他領悟到科學的求眞精神。另一位是瓊斯（Homer Jones），他當時也正在芝加哥大學（University of Chicago）攻讀博士學位，後來一直在銀行界服務，並成爲聖路易士聯邦準備銀行的副總裁，主管研究部門。就是由於遇到這兩位老師而使他的主修由數學轉到經濟學，到畢業時則獲數學與經濟學的雙料學士學位。

在校期間他也曾參與一些課外活動，主要的是編輯一份學生報紙，最後成爲它的編輯之一。當時校方還規定在大學最初兩年強制參加預備軍官訓練（ROTC）。這對於繼續再接受兩年訓練以成爲軍官者而言，也許對於他們與國家都有利，但費氏認爲只訓練兩年則對於他與國家都沒有利益。（注6）

三、進入芝加哥大學研究所

到了1932年大學畢業時，他對於將來究竟研究何科仍未決定，他就向兩間學校申請免學費的獎學金，一爲布朗大學（Brown University）的應用數學系，另一爲芝加哥大學的經濟學系，結果都得到了。後者之能獲得完全是出於瓊斯向其老師奈特（Frank Knight, 1885-1972）之大力推薦。當時他甚感躊躇，如果不是經柏恩斯與瓊斯二師的開導，最後他恐怕

不會選擇芝加哥。不過，他認爲當時的情勢至少也起了相當重要的作用，因當時美國經濟正蕭條到極點，一般青年都想對此問題之解決有所獻策。（注7）

在這年的秋天他終於結伴開車前往芝加哥，這給他看到了一個新的世界，愈往西行，景色愈美麗，人物亦愈友善。但是，到了芝加哥大學後也就感到是他一生經濟最感困難的一年。這裡要順便說明的，當時美國各大學所給的都是減免學費的獎學金，到了研究所階段或者有少數輔助金額的所謂fellowship（或可譯爲獎助金），但第一年的研究生是很難得到的。這與今天美國各大學所給予獎學金的優厚是不可同日而語的。因此，如前所述，他在羅格斯的四年都是靠課餘從事各種臨時工作而度過的，最後且還可以有些微的儲蓄。但是到了1932年情勢就完全不同了。由於經濟極端蕭條，他費了九牛二虎之力只找到一家餐廳，在午餐時擔任侍應生，待遇則只有一頓免費午餐與在其樓上一間小房可供住宿。此外也曾找到一間鞋店擔任銷售員，待遇亦甚微薄。在這情形之下，他不但將過去的儲蓄都花光了，而且還不得不向姊姊借了300美元，她當時擔任電報收發員。（注8）

在經濟上固然困窘，但在學業上的收穫則很豐富。所上的第一門課是每個研究生都必修的范納（Jacob Viner, 1892-1970）教授的經濟理論課，稱爲「價格與分配理論」（Price and Distribution Theory）。費利曼說：「他是一位偉大的老師，對我的專業與我個人的生涯都發生巨大的影響。在專業

方面，范納的理論課程展開了一個新的天地。他使我體識經濟理論是一個密切結合的、前後一貫的邏輯整體，它並不是一套不相關聯的命題。上這一課程無疑的是我一生所經歷的最豐碩的學術經驗。同時也偶然遇到了一位名為露絲‧杜萊特（Rose Director）的美麗年輕小姐。由於范納將全班同學按姓氏字母次序排列座位，她就坐在我的旁邊。這也影響我整個的一生，幾年後我們結婚了，現在是在四十七年以後了，我們仍愉快地共同生活著。」（注9）

當時芝加哥的教授陣營至為堅強，除了范納外，還有一大群同樣卓越的經濟學家，如奈特、沙門斯（Henry Simons, 1899-1946）、閔滋（Lloyd Mints, 1888-1989）、道格拉斯（Paul Douglas, 1892-1972）、舒爾茲（Henry Schultz, 1893-1938）。同時同學也極為優秀，除了上述的那位小姐外，還有後來成就極為卓著的鮑亭（Kenneth Boulding, 1910-1993）等。由而使費利曼深切地感到在研究所中，「學生並不是向教授學習，而是在與同學的切磋中學習的。教授的真正任務是在提出論題，鼓勵全班熱烈參與討論。」（注10）

露絲與他同上的還有一課，是舒爾茲教的數理經濟學。舒爾茲是一位相當博學的教師，但他精研的是一個很狹隘的範域，就是統計的需要曲線。許多年來都在從事他畢生巨著《需要的理論與測度》（*The Theory and Measurement of Demand*）的撰寫。費利曼就被他聘為助理，幫助他從事此一工作。費利曼說他從舒爾茲教授處所獲得的最大益處，並不

是他在課上所講解的，儘管他那有系統的關於基礎統計技術的傳述是很有價值的，而是要他下學年到哥倫比亞大學去跟郝泰林（Harold Hotelling, 1895-1973）研讀。舒爾茲並向郝泰林推薦他，望能給予獎助金（fellowship），結果是成功了。這對費利曼的幫助之巨大，自不待言。

在這一年中，費利曼除了上經濟學系中的必修課外，所有選修的課程都集中於數學系中，結果他在該系所修的學分與該系碩士學位之所需的完全相同，這對於他日後的專業發展也有很大的裨益。（注11）

四、轉往哥倫比亞大學研究所

到了1933年夏，他於獲得經濟學碩士學位後即轉往哥倫比亞大學。他所得獎助金是1,500美元，除繳了學費300美元，餘下的1,200美元就足夠他償還上年向姊姊借的300美元以及其他生活所需的開支。所以就經濟上論，是比在芝加哥時寬裕多了。那麼，學業方面又如何呢？簡單地說，也同樣的滿意。

首先談到郝泰林，費氏說：「他給我對於數理統計的感覺，就像范納給我對於經濟理論的感覺一樣。」「他在那一年給我印象最深，無疑的，是使我認識他是一位令人著迷的人物。……在課堂上，他是簡明、嚴格與清晰的。基本上是一位數學家，他在思想上、在談吐上與在寫作上常常是非常

高度的抽象，但他對於問題的掌握則有特別強大的本能，而能提出最具實際性的重大貢獻。」（注 12）無怪乎薩繆森（Paul A. Samuelson）要說：「郝泰林已成爲從事經濟學與數學之研究的最優秀的青年學生所嚮往的麥加（Mecca）。」（注 13）

其次，另一位重要人物就是密契爾（Wesley C. Mitchell, 1874-1948），他是當時哥大經濟學最著名的教授，也是國民經濟研究院的創建人、院長兼研究部主任。費利曼上過他開的兩門課，就是經濟思想史與經濟循環。他是一位很講究文采的學者，往往出口成章，尤其是當其答覆學生臨時所提出之問題時，所用的語句都很明確，可以說與經他仔細撰寫之文稿中的語句毫無差異。這使費利曼感到非常欽佩。至於講授內容，費氏認爲他的經濟思想史只是將一些過去的思想加以複述，少有創意之提出，以一理論家的觀點論，顯然不若范納或奈特之造詣的精深。經濟循環則爲密契爾畢生研究的重心，講解內容自極精采，尤其對其所採之實情分析法描述更爲詳盡，對學生自會產生宏大的影響。這是芝加哥大學所不及的。（注 14）

還有一位重要份子必須提到的是克拉克（John Maurice Clark, 1884-1963），與密契爾不同的，他是眞正喜愛以經濟理論應用到實際問題之分析的。他早於 1920 年代在芝加哥大學任教時所寫的《間接成本經濟學之研究》（*Studies in the Economics of Overhead Costs*）已成爲經典。他不善於詞令，

常常不能暢所欲言。但是，儘管如此，費利曼認為他所授的課僅次於郝泰林所授的。（注15）

在哥倫比亞讀了一年以後，他得到這樣一個結論，「對於一位新進的經濟學家，理想的求學組合是先在芝加哥念一年，它著重理論。接著在哥倫比亞念一年，它著重制度的影響與實證的工作──但是只能按照此一秩序，不能顛倒過來。」（注16）

五、重回芝加哥大學

到了1934年秋，費利曼又回到芝加哥，又回到別離了一年的露絲的身邊。同時，他也被舒爾茲聘為研究助理，年薪1,600美元，也不用再繳學費了，所以經濟上又比在紐約時再改進了一步。他對舒爾茲教授所需協助仍是幫他寫的那部巨著，這時他已將草稿完成，只要費利曼將它再看一遍，看看其中有無錯誤或需修改的地方。舒氏對於學生採這種態度足見其謙遜的學者風度，至可欽仰。此外費利曼就可以選他喜歡上的課程，並準備參加博士學位的初步考試 （preliminary examination）。

在這一年中，他都照著這樣做，想上的課都上了，博士學位的初步考試也通過了，而且還准他可以在芝加哥與哥倫比亞兩校中，任選其一從事博士論文之撰寫，如獲通過，當可獲其所選之學校授予學位。同時，在他隨舒爾茲教授的工

作過程中，也使他寫成一篇文章，題為「Professor Pigou's Method for Measuring Elasticies of Demand from Budgetary Data」。由於庇古（A. C. Pigou, 1877-1959）教授是在英國劍橋任經濟學教授，舒爾茲就建議寄到英國的《經濟學刊》（Economic Journal）去發表，並同時將原稿一份給庇古教授，請其指教。由於該期刊長期以來都是由凱恩斯（J. M. Keynes, 1883-1946）擔任主編的，後來凱氏就給費氏寫了一封信，告訴他，「我不能接受這篇論文，我曾與庇古教授討論過。」他認為所提出的批評並不正確。既然如此，費氏又將之改投哈佛大學的《經濟學季刊》（Quarterly Journal of Economics），這一期刊長期是由哈佛教授陶錫克（F. W. Taussig）主編的，他因受其同事熊彼德（J. A. Schumpter）的推薦而在1935年11月將之發表了。接著庇古教授則對陶氏表示強烈反對，並謂已將之批評錯誤逐告費利曼。所幸的是費氏在將之投寄給陶氏時曾向其說明此稿曾經《經濟學刊》拒絕，並將庇古之批評一併寄往。最後結果是由庇古另寫一文對費氏所提問題加以答覆，同時費氏亦再寫一文對之加以論辯，二文同載於1936年5月的《經濟學季刊》中，以結束這場「公案」。（注17）這是費利曼第一篇在學術期刊上的論文，我想很少人會知道其中曾經過這樣一段曲折吧！

接著我們可以順便談談他親密的朋友露絲的情形。她在費利曼前往哥倫比亞的一年，內心曾感到很矛盾：究竟在芝大再讀下去呢？還是先去找工作，以求自立？她之前在芝大

時，經濟上是由大她十歲、正在芝加哥大學任教的哥哥支持的，她很想解除她哥哥的負擔，要自己去工作。但是她對進修又很有興趣，後來她雖然已通過了博士學位所需的外國文的考試，最後還是決定去就一份不很滿意的工作。到了該學年的春季才獲奈特教授通知，已為她申請了一份資金，要她在下學年擔任他的助理。所以，從這一點論，她與費利曼是同在 1934 年度再回到芝大的。到了後來她與奈特討論過，要寫一篇關於資本理論之歷史的博士論文，請他指導，奈特教授欣然同意了，還說：「這是我做了二十年而沒有成功的工作，也許你能做成功。」但最後她還是沒有做成。（注 18）這是後話。同時，在這一年中他們交到兩位同學成為終生的朋友，這就是斯蒂格勒（George J. Stigler, 1911-1991）與華萊士（W. Allen Wallis, 1912-1998）。

在 1934-35 這一年，費氏認為他在許多方面都是非常有成就的。但是在這一學年的終結時，他需要找一份工作。學術工作是他最喜愛的，但沒有機緣。不過，那時羅斯福總統所推行的「新政」（New Deal）正趨高潮，對於經濟學家與統計學家的需要非常迫切。華萊士已經早幾個月去了華盛頓首府，他就為費利曼在他同一工作單位找到一個工作。他自然欣然接受了，這樣就結束他一生所受的學校教育。

注 1 ：　Milton Friedman, "My Evolution as an Economist", in William Breit and Roger W. Spencer, ed., *Lives for the Laureates: Seven Nobel Economists*, Cambridge, MA, MIT Press, 1986, p.80，此書嗣後簡稱 *My Evolution*。

注 2 ：　Milton & Rose D. Friedman, *Two Lucky People: Memoirs*, The University of Chicago Press, Chicago, 1998, p.20，此書嗣後簡稱 *Two Lucky People* 或《回憶錄》。

注 3 ：　同上注書，p.21。

注 4 ：　同上注書，pp.25-26。

注 5 ：　同注 1 書，p.81。

注 6 ：　同注 2 書，p.29。

注 7 ：　同注 1 書，pp.82-85。

注 8 ：　同注 2 書，p.34。

注 9 ：　同注 1 書，p.83。

注 10 ：　同上注。

注 11 ：　同注 2 書，pp.35-39。

注 12 ：　同上注書，pp.43-44。

注 13 ：　Paul A. Samuelson, *The Collected Scientific Papers of Paul A. Samuelson*, vol, 2. MIT Press, MA, 1966, p.1588。

注 14 ：　同注 2 書，pp.44-45。

注 15 ：　同上注書，pp.45-46。

注 16：同上注書，p.48。

注 17：同上注書，pp.51-53。

注 18：同上注書，p.51。

第二章　從實際工作中學習

一、到華府參加消費問題的研究

華萊士在華府所參加的工作場所是全國資源委員會（National Resources Committee），這也是在「新政」中所創設的機構。其中有一產業科（Industrial Section）內設一「消費研究小組」（Consumption Research Staff），負責提供整個經濟社會之消費方面的訊息，俾能據而評估各種促進經濟復甦與擴展的建議。華萊士為費利曼所謀得的就是像他自己一樣成為這一小組的一員。該會給他年薪2,600美元，比他之前在芝大的工作增加了1,000美元，這對於一位剛從大學研究所出來的二十三歲的青年是很不錯的待遇了。費利曼自然感到非常滿意。（注1）

這一小組的負責人是一位小姐，名為克尼蘭（Hildegard Kneeland）。她有博士學位，對於工作非常投入，對於消費方面的知識非常豐富，對人態度也甚為親切。當時所從事的研究，是要從一大堆家庭抽樣中，找出其所得與支出之詳細訊息，以做為編製生活指數的參考。在計算生活指數時，自須對於各種商品的價格，在消費者預算中所占的重要性指定一個權數。這種消費者購買問題的研究，自會在抽樣上與組織上引起許多問題。該小組就負責整個計畫的設計，並將進行的經過提出最後的報告。這些報告後來就以《*Consumer Incomes in the United States*》與《*Consumer Expenditures in the United States*》的名稱而於1939年出版。

　　費氏認為他自己的統計技術與理論的訓練，對於所被分派的工作還足以應付自如。到了在那一單位做滿兩年以後，他認為他已成為消費問題之研究的一位專家，由而對於實際統計所獲的經驗，再輔以他所具有的數理統計學的知識，就使他在此後科學生涯中站穩了足跟。他還進一步地說，他由而又獲得了興趣與知識，使他能在十五年後完成一部他自認為最優良的科學著作，這就是《消費函數的一種理論》（*A Theory of the Consumption Function*）。（注2）

　　說到這裡就須對他的親密女友露絲的情況略加交代。當費利曼於1935年8月19日離開芝加哥後，她也於四天後朝相反的方向而離開。因為她擔任研究助理的奈特教授要在這一學年的秋冬二季離校六個月，這樣她也就要賦閒六個月。她感到一人留在芝城太孤寂了，所以就決定先回遠在西部波特蘭（Portland, Oregon）的娘家。在她的內心是很想在華府找一工作，但沒有成功，最後只有在波特蘭找到一臨時工作。到了期滿於1936年4月12日再回到芝加哥，仍擔任奈特教授的助理。但她還是想到華府去找工作，待稍有眉目時突然發現她不是美國公民，而在美國政府做事一般必須是公民。她之所以不是美國公民，是因為她是兩、三歲時隨父母從東歐烏克蘭移民到美國的，一直沒有辦理歸化手續。後來經費利曼的主管等與當局磋商終於勉獲通融，而在費利曼工作的小組獲得一個只有三個月任期的工作。這時她的研究助理的任期也告屆滿，在此期間她在博士論文之撰寫雖亦已收集了一

些資料，也只好暫時擱置，而前往華府任職了。到了那邊三
個月後，忍受短期失業，也終於找到聯邦儲存保險公司的研
究與統計處（Division of Research and Statistics of the Federal
Deposit Insurance Corporation）中一個職位。這一公司也是
「新政」所創設的一個機構，這一單位主管正是費利曼在羅
格斯大學的恩師瓊斯，也可以說是一種很幸運的巧合。這就
是露絲的情況。（注3）可是現在費利曼又需轉赴紐約去工
作了，兩人又要做短暫的別離。事態的發展可略述於下。

二、參加國民經濟研究院工作

在1937年的早期，國民經濟研究院的顧志耐教授
（Simon Kuznets, 1907-1985）曾邀請各大學與研究團體的專
家，召開第一次國民所得與財富研究會議（Conference on
Research in National Income and Wealth）。全國資源委員會的
消費研究小組曾被邀請參加，費利曼就成為其代表之一而赴
會。他與顧志耐原本亦相識，這是由於他與柏恩斯關係密
切，而柏氏即為顧氏在國民經濟研究院的同事，這樣也就偶
爾相遇。但這次會議的參加顯然使他與顧志耐有頻繁的接
觸，而增加彼此的體識，再加上柏恩斯的推介，結果顧氏要
聘他為自己的助理。這是費利曼又一次遇到貴人而對其一生
的專業有莫大影響的機緣。國民經濟研究院是密契爾於1920
年發起創立的，其研究的重點有二：一為國民所得的測算，

由顧志耐負責；另一為經濟景氣循環的分析，則由密契爾自己主持。後來美國商務部要正式對國民所得加以估計，就要求國民經濟研究院予以協助，該院遂派顧志耐到該部主持是項工作。到1934年終於有《*National Income, 1929~32*》一書之出版。這是研究國民所得之第一部著作，顧氏因而有「國民所得之父」的美譽，後來更因而獲得諾貝爾獎。費氏能擔任其助理自可獲得許多新知與啟迪，當不待言。

到了1937年6月底，費利曼就辭去全國資源委員會的專職，而仍以擔任諮詢工作的名義保持關係。到了9月，他就轉赴紐約到國民經濟研究院任職。他於瞭解該院的一般情形後，就覺得這將為他開闢一個新天地。數日後就給露絲寫了一封信，向她表示：「我知道我會喜歡這一工作。……最可喜的是對於研究所持的態度，……顧志耐說，『我們知道你不可能就現有的資料作出一個可靠的估計。』他說現在要做的是花兩、三年工夫去從事探索性的研究，以奠定可以作出可靠估計的基礎。這是做研究的方法。」（注4）

同時，他到紐約不久就遇到一位過去在哥倫比亞研究所的同學，現在他在該校商學院任教，他邀費利曼在該校的推廣部教一門基礎經濟學的課。這是他早在大學時代為中學生補習功課以來第一次正式擔任教員。由於如上所述，他在全國資源委員會仍保公務關係，這也給他一種擔任此一教員工作的便利，因為這樣他就可以在每週五夜間課務結束後，享受公務員的優待免費搭乘臥車赴華府於翌日清晨到達。週六

上午可以到該會辦理須辦理的工作，其他時間以及週日一整天都可與露絲聚晤，而於週日晚間又乘臥車返紐約。至於週六晚間住宿問題，則又因他過去在華府居住時曾交了一對年輕夫婦名為Lois and Ellsworth Clark，友誼非常深厚。當時這對夫婦租了一個相當大的公寓，因有剩餘房間就分租給費利曼與另一友人，以增加家庭的收入。這對夫婦為人非常誠懇而熱情，所以就建立了深厚的友誼。當費利曼轉到紐約以後，露絲就遞補他的空缺也住進去了，因此大家的關係就更為親切了。現在費利曼每週要回來一晚，自然也就可以在他們的公寓寄宿了。所以，這一推廣部教員的職務自然也可以更勝任愉快了。

這對情侶除了每屆週末可以相會之外，還不斷通信。這種生活就過了一段時間。但這種安排終非久計，於是他倆也就決定要在紐約結婚了。由於露絲感到她在聯邦儲存保險公司至少應該做滿一年，所以不能在1938年6月以前結婚，結果就決定於該年6月15日舉行婚禮。同時，也由於露絲的堅持，為使她的父母與費氏的母親都感到喜悅，必須採取傳統的猶太正教的儀式在猶太教堂舉行。就在這一天，雙方親友大多都是從遠方而來為這對新人祝福，兩人也就這樣結束多次忍受別離的痛苦而永遠生活在一起了。（注5）

現在就回過來談談費利曼在國民經濟研究院的工作。顧志耐分配給他有兩項任務：一為一般性的，要他就所得與財富分配方面看看有些什麼資料需要補充；另一為特定性的，

這就是顧志耐自己在從事國民所得之估計時感到各種從事獨立專業的人士，如醫師、牙醫師、律師、會計師等的所得資料非常缺乏，就曾寄發許多問卷給他們，希望他們合作能予以解答。他曾收到許多回覆的問卷而將之加以研究，並已完成一份初步的草稿。但後為他事所羈，無暇將之再加增修，他希望費利曼能接下去幫他完成這份稿件。

過了些時，他又要費氏先將這次他參加的國民所得與財富研究會議的經過紀錄加以編輯。接著他又派費氏為該會議的祕書，因而又須編輯以後舉行數次會議的經過紀錄。結果一共編成了三大卷，以《所得與財富的研究》（*Studies in Income and Wealth*）為名而由該院出版。經過了這些工作以後，費利曼自認已成為一位國民所得會計的專家，而更重要的是，由而可以讓他接觸到許多對這方面有研究的人士，受益匪淺。

在從事所得分配之研究的過程中曾涉及威斯康辛（Wisconsin）州的資料，這時威斯康辛大學的一些人士對此也有興趣，尤其是其中有一位財政學教授格羅夫斯（Harold Groves）對之興趣更為濃厚。後來就是由於他對費氏在經濟學與統計學方面的造詣甚為欽佩，而要聘他於 1940-41 年到該校任教。這是後話。（注6）

費氏在國民經濟研究院的最主要工作，是在完成上述顧志耐未完成的文稿。他接下這一工作以後，所有統計的分析與文稿的撰寫都成為他的責任，結果所完成的是一部完全重

寫的著作。這部由顧氏與他合著的作品稱為《獨立專業工作的所得》（*Income from Independent Professional Practice*），在1941年初完成，其中一部分也已被哥倫比亞大學接受成為他的博士論文。但其出版卻延遲到1945年，而當時哥大的博士論文都須是出版的，因此他的博士學位的獲得也隨著延遲了。其出版之所以要延遲到如此之久，一部分是由於當時全國資源都要用來應付戰爭，以確保其勝利，但大部分是由於文中有一些曾引起爭議而須加以協調。

這部著作的主旨是利用分配的經濟理論來解釋各種不同職業的所得資料，其中討論兩個主要課題：第一，所研究之五種專業的平均所得之差異——這是後來被稱為人力資本（human capital）這一重要研究部門的最早的一份實證分析。第二，個人所得的分配以及其動態的發展。發生爭議的是其中關於人力資本這一部分：他們想要對醫師的平均所得之所以超過牙醫師的三分之一的原因加以解釋。他們的結論是「與供給及需要之自由運作的因素有關。」諸如訓練時間與成本的差異等，最多只能說是其中一半的原因。其餘的一半他們認為是由於美國醫師協會（American Medical Association）對於新進人員的限制。當時牙醫師則對新進人員並無有效的控制。（注7）

他說他年輕，很天真，不知這一點評斷會引起美國醫師協會的抗議。由於國民經濟研究院規定所有出版書刊都須經董事會通過，其中有一「特別閱讀」（special reading）委員

會主理其事。在該委員會中有一製藥業的代表就強烈反對這本書的出版，因為其中對於各業所得之差異的原因，「作者竟讓自己被理論所蒙蔽，而不能看清真相。」後經密契爾居中調解，稍加修正，而終獲通過。對於這一點，他對於密契爾特別欽佩其為保持科學研究自由而作的努力。

不但如此，他還很感激密契爾對他在寫作上的開導。他說在超過半個世紀以後他還能記得，有一次密契爾在看過他關於早期研究的一份建議書的草稿後，就走到他的辦公室中來對他的寫作品質加以批評。密氏說：「如果顧志耐不能寫得清楚是可以原諒的，英文畢竟不是他的母語，他在十八、九歲以前從沒有學過。但是你就完全不同了，英文是你的母語，人們常說他們知道要說些什麼，只是難以表達，所以寫得不好是可以原諒的。這是荒唐的，毫無意義的。如果你不能清楚地、毫不含糊地將你的命題表達出來，這是因為你沒有瞭解它。」費利曼說：「我將這段教訓記在心裡，我學會了如何將一些情形清楚地、毫不含糊地寫出來，是找出我在推理上有無錯誤與遺漏的最好方法，是澄清我的思想的最好方法。」（注8）無怪乎費利曼總是能寫出一手簡潔而明晰的文章。

三、赴威斯康辛大學任教

實際上，他在該稿完成以前，就於1940年秋轉赴威斯康

辛大學任教，這部稿子是他帶到那邊繼續撰述而完成的。上面我曾提到，他在國民經濟研究院時遇到該校格羅夫斯教授曾約他到該校任教，這事到 1940 年 2 月間終於逐漸成熟。因為格羅夫斯就在那時寫了一封信給他，問他能否接受該校經濟學系副教授教職，年薪 4,000 美元。後經再度書信往返，格氏又吐露此項任聘尚須經他在系內多加努力。費利曼乃表示可接受一年之聘約，於是格氏接著建議，此項聘約可分為兩部分，一部分時間可用來教課，另部分時間則可用來協助他主持的所得研究計畫之推進。最後經濟學系方就決定於 1940-41 年以客座教授名義聘請，每學期須在系中開兩門課，其餘時間可用來協助所得研究計畫。費氏因亟想早日開始其在學術界的發展，也就這樣決定前往就任了。

　　待到了學校以後立即就發現經濟學系中明顯地分為兩派，由於費利曼是格羅夫斯介紹進來的，自然就被視為屬於格氏所屬的一派。另一派人士對於費利曼之來臨的態度則非常冷淡，儘管沒有公開反對。當其在威斯康辛任教期間僅有兩家曾接待他們夫婦到其寓所歡宴。一家是格羅夫斯，他是想盡力創設機會讓他的同事能與費氏會晤，以增加彼此的體識與友誼；另一家則為系中唯一的猶太裔的教授。儘管如此，他們夫婦在那邊的生活也並不孤寂。因為他們的鄰居都很熱情，時常往來，同時經濟學系中的年輕教員、研究生及助教們對費氏都很欽佩，也常有接觸。例如當時有兩位研究生往來較多，一為韓勒（Walter Heller），另一為潘克曼

（Joseph Pechman），後來一直維持友誼，兩人都有很大成就。前者曾爲美國總統甘迺迪與強森的經濟顧問委員會的主席，後者則爲華府著名智庫布魯金斯研究所（Brookings Institution）的財稅專家。（注9）

　　住了一段時間以後，據費利曼的觀察，該校經濟學系之研究生與助教們欲求上進的意願都很強烈，而一般資深教授則對學術之進一步的發展大都已缺乏興趣。同時，前者對於他們系中的缺陷都很明白，所以很希望費利曼能長期留下。但他們的消息似乎也很靈通，他們對於文理學院（School of Letters and Sciences）院長 Sellery 提出要以副教授名義再聘費利曼三年而無永久任期（tenure）一案未獲經濟學系同意表示非常不滿。當時就有十七位年輕教員與研究人員，以書面向系方提出要求在經濟理論與統計學方面增加課目數量與種類，並希望費利曼能留在校中。但系方則對此表示不滿，認爲這是對他們的職權之無理的干預。

　　費利曼對於他在威斯康辛大學的前途如何，一直到1941年4月以前都不知有任何變化，後來始知院長原來要提的是三年副教授而且有永久任期，後來爲便於獲得經濟學系教授會的通過才改爲無永久任期。費氏得知這一消息後，就於1941年4月11日寫信給院長，問他如果經濟學系仍不通過將如何處理。最後院長告訴費氏，就是他們不通過，他還是要請校長將此案向董事會提出。後來董事會於5月26日開會時沒有討論這一案，其所以如此，是因爲費利曼已告訴有關方

面他不願參與經濟學系之複雜的糾紛。接著費利曼於6月2日正式寫信給校長：「我感激你能將提我為經濟學系副教授一案從董事會收回。」理由是：「鑒於我國目前正處於緊急狀態，我感到應參加與國防相關之問題的研究，而且我有強烈的信念，認為只有盡力推進國防工作，增加對英國的援助，才能維護民主與自由。」後來校長的覆信自然對費利曼的才識與在校的貢獻表揚一番，但這些都只是門面的話。真正表達校方對費利曼在這件事中的遭遇之態度的是文理學院長在6月28日給密契爾寫的一封信，其中這樣寫：「這對我與校長Dykrtra都是一件很感歉疚的事，我們聘費利曼博士為副教授一節不能順利通過。費利曼的工作與品格都是非常可敬的，他是一位君子與學者。不幸的是他被捲入經濟學系內兩派的紛爭之中。系內最優秀的成員大都是要他留下來的，但是反對他的人則做了一些卑劣的宣傳工作，這就使他決定不再接受我們的聘請。」（注10）

　　概括地說，這場爭議之所以掀起約有幾個原因：第一，經濟學系中有些同事認為費利曼之來臨可能會威脅到自己的職位。第二，也有些人會認為費氏的參與可能會影響他們想要將經濟學系從文理學院中轉到商學院的企圖，因為校長與院長都認為經濟學系之併入商學院必會使經濟學成為商學院的附庸，這是很危險的。第三，個人權力的欲念與反猶太主義的衝擊也是原因之一，其中至少兩人是如此。

　　另外還有一個問題引起商學院有些同事不滿的是，費利

曼應格羅夫斯之託所寫的一份建議書。首先他們對於這一建議書的標題就不滿意，這一標題是「從社會科學觀點對威斯康辛大學統計學的建議方案」（Proposed Program in Statistics at the University of Wisconsin with Special Reference to the Social Sciences）。其次，他們對於它最後兩句話也非常不滿，其中曾這樣說：「一個學生不能在威斯康辛大學中受到充足的訓練，使他有資格教高等統計學或在統計方法的領域中從事獨立的研究。甚至就是他將所有開出的課程都修完，他還是不足以從事牽涉現代統計學之應用的研究。」但對於其中所提出政策方案則隻字不提。實際上，這份建議書後來甚得郝泰林教授的支持，結果促成了許多大學成立獨立的統計學系，包括威斯康辛大學。（注11）

　　總之，費利曼第一次到大學中去教書就讓他親眼看到有些學術界人士的作風，是「如何的小心眼，如何的不值得敬仰。愈微小的問題，愈可看出他們所玩的政治手段愈卑劣，我為自己慶幸的是很早就能得到這一教訓。」好在當時「戰爭經濟給我提供了機會，讓我至少有幾年可以不回國民經濟研究院，而從事另一種非學術的工作。在其他情況之下，威斯康辛事件一旦為人所周知，是會影響我以後事業之發展的。這是又一例證，說明了我是如何的幸運。這件事也就這樣消逝，只不過是給我留下一點不快的感覺而已。」（注12）最後他就這樣離開了威斯康辛。

　　從這一全文中，我們可以看出，他從這幾年的工作中所

學到的確實不少，這應該是他所說的純粹的機會是如何深切地決定我們的一生的一部分根據。（注13）

注1： *Two Lucky People*, p.59。

注2： 同上注書，p.66。

注3： 同上注書，pp.56-58, 63-66。

注4： 同上注書，p.70。

注5： 同上注書，pp.79-83。

注6： 同上注書，p.71。

注7： 同上注書，pp.71-72。

注8： 同上注書，p.75。

注9： 同上注書，pp.91-93。

注10： 同上注書，pp.96-99。

注11： 同上注書，pp.99-101。

注12： 同上注書，p.103。

注13： *My Evolution*, p.79。

第三章　二次世界大戰時的服務

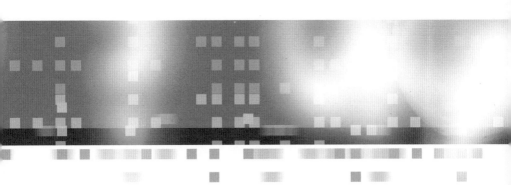

一、進入聯邦政府財政部工作

1941年6月，費利曼結束在威斯康辛大學的教務後，因為前已允諾參加一個研究賦稅的暑期計畫，而此一計畫則在佛蒙州諾威契（Norwich, Vermont）進行，所以就直接轉到該地去了。這一計畫是哥倫比亞大學教授蕭卜（Carl Shoup）向卡內基基金會（Carnegie Foundation）與公共行政研究所（Institute of Public Administration）申請資助而設立的。蕭卜教授是著名的財政學家，是費利曼於國民經濟研究院服務時認識的。這一計畫是研究如何以課稅防止通貨膨脹，由蕭氏主持，並由費利曼與國民經濟研究院另一馬克女士（Ruth Mack）協助。（注1）

經過一個暑期的努力，這一計畫終於完成，並提送財政部參考，後於1943年即以《以課稅防止通貨膨脹》（*Taxing to Prevent Inflation*）為名而出版。在這一計畫之前，費利曼從沒有參加過要利用總體經濟理論來研究的問題。這次卻要運用貨幣數量學說與當時新興的凱恩斯分析（Keynesian analysis）了。我們知道，貨幣數量學說是認為物價水準與貨幣數量密切相關，貨幣數量增加，物價水準就漲，反之亦然。當時費利曼認為這一解釋太簡單了，不足以說明事實真相，他就轉而利用早期英國政府所發表的白皮書所使用的「通貨膨脹缺口」（inflationary gap）這一概念加以分析。根據這份白皮書所描述，所謂「通貨膨脹缺口」是：

「當充分就業存在時，如果政府要使用更多的資源，那麼人民就須減少使用。這種資源的轉移如果是政府對於資源之新增的需要正與非政府所需要的減少相等，就不會發生通貨膨脹。因此，『通貨膨脹缺口』就是『政府支出的數量中沒有由社會另一些人減少同量的人力與物力的實質資源，所剩下的那一部分。』……如果其間有這種『缺口』，政府也能得到實質資源的使用，但只有以漲價的方法『逼迫』人民減少這筆資源的使用。」（注2）

因此，費利曼寫道，為了防止通貨膨脹，非政府的需要必須通過賦稅的課徵，減少其需求到與政府需要增加相等的數量。（注3）由此可見，他在此時還不是一位唯貨幣論者（monetarist），而仍「受到當時流行的凱恩斯觀點的影響」。（注4）

由於這一研究計畫，費氏獲財政部邀請，隨同蕭卜教授進入該部服務，成為其「賦稅研究司」（Division of Tax Research）的主要經濟學者。他感到「戰爭正在國外進行，美國很可能會被捲入。在財政部服務要比回到國民經濟研究院更有意義。」（注5）實際上，不久以後，珍珠港就於該年的12月7日受到日軍襲擊，美國也就因而正式宣布參加第二次世界大戰。這時的華盛頓，據他的回憶，就像他上次在參與「新政」時期一樣，已再度成為一塊磁石，吸引許多像他這一代的學術界人士前往服務，參與國事大計的研議。他認為這前後兩個時期華府的氣氛極為相似，大家都感到很興奮

而樂觀。許多他在上一時期所交的朋友，或者原來就留在那邊而沒有走，有的則都回來了。他以自己論，唯一的不同，是上一時期所擔任的僅是些統計學上與經濟學上的技術性的工作；這次再來華府，則接觸到政府的政策擬訂與決定。這兩次經驗對他以後的事業都發生宏大的影響。（注6）

至於他的夫人則自到威斯康辛後即未再出外擔任任何工作，他倆都認為一個家庭子女是很重要的份子，現在則都在期待他們的來臨。到了那時露絲就要以全部精力來從事子女們的撫育，想要寫的博士論文自然也就這樣擱下了。果然他們的第一個女兒琴納（Janet）就於1943年2月26日誕生了，露絲的職業已完全從一位經濟學家變為一位母親了。（注7）

現在我們可以回過來談談費利曼在財政部的實際工作。他說：「這是我第一次參與政府政策的實際擬訂，第一次接觸下列一些問題：如何能使立法得到國會的通過，如何準備對國會的證詞，如何為別人撰寫講稿，如何在國會相關委員會中作證。我親自領悟到華府對於這許多知識份子所具有的吸引力，這就是使他們感到自己是在掌握著一個國家的命運，是在體嘗著令人興奮的政治過程——同時也體驗到操縱玩弄、無誠無義與自利追逐也是這一過程所組成的一部分。公共利益之無私的倡導者與自己利益的追尋者總是不易分辨清楚的。」

他又說：「我在那幾年所獲得的經驗，使我以後總會經常勸告我研究所的學生，儘量設法到華府去消磨幾年，但只

能是短短幾年。如果你在那邊超過了二至三年，你就會沉溺於其中而不可自拔，那就不能再回到學術界來了。」（注8）

　　他就舉了一例來說明這種情形。1941年春，羅斯福總統為了控制通貨膨脹下令設立一個「物價管理局」（Office of Price Administration，簡稱OPA），由當時頗富盛名的韓得森（Leon Henderson）任局長，高伯瑞（John Kenneth Galbraith）任副局長，下面還延聘了一些著名的經濟學家如斯蒂格勒、沙蘭特（Walter Salant）及斯坦因（Herbert Stein）。當時費利曼在財政部提出一個要阻止通貨膨脹所需增收賦稅的估計，為集思廣益，就邀請OPA與聯邦準備制度中之經濟學家亦提出估計，結果OPA所提出的估計要比財政部所提出的少得多，儘管大家都是採取同樣的凱恩斯的方法。當時OPA這一機構正在國會中要完成立法手續，以取得法律地位。到了1942年1月這一機構的法律地位經國會通過後，它當即於2月初重提一個關於所需增加稅額的估計。這一新估計卻比財政部所提出的增加許多。何以OPA前後兩次的估計竟會相差如此之巨？這是OPA的經濟學家亦與一般經濟學家一樣，都明瞭真正要阻止通貨膨脹必須要減少消費者手中的現金，這也就是要增加對他們課稅。第一次他們之所以估計得特別少，是為了說明物價管制的功能的重大，增稅所產生的效力是有限的，不足以肩負重任。所以主持物價管理的機構應該通過設立。現在該機構既經立法通過了，則可按理主張儘量增加課稅，以利其職能的完成。由此可見，OPA中這群人士

所關心的是自己的權力，不是公共的利益。「這些對於估計的操縱」，在費氏當時看來都「是單純的徹底的不誠實，現在看來還是如此。」（注9）

關於賦稅之增課對於通貨膨脹之制止的重要性，他記得在1942年5月7日他第一次向國會作證時也曾明白地如此指出：「現在通貨膨脹對於物價所產生的壓力已經很大，而且已變得一個月甚於一個月，……如果通貨膨脹要被制止，這一壓力就須以限制消費者消費的方策對之加以消滅。課稅是這些方案中最重要的，除非迅速地嚴加利用這一方案，僅僅依賴其他方案是不能阻止通貨膨脹的。」費利曼發現，「這一論斷的一個最顯著的特色，是如何徹底的持凱恩斯的觀點。我甚至沒有提到『貨幣』或『貨幣政策』，除賦稅之外，我所提的其他阻止通貨膨脹的方案只有物價管制與配給，消費者之信用的控制，政府支出的減少以及推行戰時公債運動。」（注10）「在未重讀這篇說詞以前，」他說，「我完全忘記了我當時是一位如何徹底的凱恩斯主義者。很顯然的，當戰爭結束不久，我就已改正了，或者如有些人所說已腐化了。」（注11）

自那第一次到國會作證後，他就常被派往，因而也就對其中所接觸到的參議員的作風、品性與學力有所體識。最初使他得到一個重要教訓的是康納利（Thomas Connally）參議員對他的一種提醒。康氏當時是國會多數黨領袖，問他何以要作一個詳細的修正。他就完全以學術的態度對之加以解

釋，例如「這有三個原因，第一、……第二、……」，當他還沒有解說完，康氏就打斷他的話而說這樣一句話：「年輕人，一個好的理由就夠了！」

　　其次，他認為最令他敬佩的是塔夫特（Robert A. Taft）參議員。當時國民所得會計是一個新的概念，但它常在賦稅研討時扮演著重要的角色。塔夫特參議員就要財政部派員就此一概念去對他加以解釋，費利曼就被派擔任此一角色，因而使他對這位四度曾想成為共和黨總統候選人而未遂的著名參議員的才識有所瞭解。費氏認為他是一位優秀的自學者，他的學識、才能可與費氏曾有密切接觸的政治人物中最出色的尼克森（Richard Nixon）同屬一流，他可成為任何一間大學教授群中之傑出的一員。

　　與他相反的是賴富爾特（Robert M. La Follette, Jr）參議員。他的父親是威斯康辛州最著名的參議員，許多有關社會經濟重要法案都是他提出的，對於美國發展有莫大影響。但不幸他在長期擔任該州之參議員任期內逝世，結果他的哲嗣就被選為接替人，以完成其父所遺下之未滿的任期。待任期滿而行改選時，他又參選而順利連任。當費氏遇到他時已是連任三次的資深參議員了。但據費利曼看來，這完全是依賴父親的遺蔭與原任者所獨享的優勢而造成的，因為以他的才智論，只是二流角色。（注12）

　　費利曼偶爾也會被派為財政部長摩根索（Henry Morgenthau, Jr）撰寫講稿，這是他為人撰寫講稿唯一的一

位。所得的經驗是很有教育意義的，這就是必須將複雜的技術性資材，以普通在街上的人都聽得懂的言詞表達出來。

　　由於費利曼在財政部所負的責任是如何改革稅制以協助戰費的籌措，所以他與部長之間的接觸也頗爲頻繁，甚至到國會作證都須隨往以備其不時徵詢。費氏說：「部長是一位品格高尚、操守嚴正、對總統絕對忠誠的人物。他是羅斯福總統的親密朋友，當羅氏是紐約州長時，他就曾擔任許多職務。到了1933年隨羅氏來到華府，於1934年1月任財政部長，一直到1945年7月羅氏逝世後才辭職，是美國歷史上擔任財政部長職除格萊丁（Albert Gallatin）外最久的一位。接著費氏又說：「我感到驚訝與失望，我發現這位部長在學術能力上是相當有限的。我還不斷感到奇怪，一個才能這樣薄弱的人竟能占據這樣重要的職位。從此以後我就瞭解得更多了。他這種學術才能淺薄的情形是隨時可見的，徵兆之一是他堅持所有聽證會中都必須有人坐在後面支持。另外一種現象是當他被問到具體問題時，他常常要他的下屬解答。我至少可以回憶這樣一次，眾議員或參議員曾說：『部長先生，我要知道你的意見，不是你的部屬的意見。』」（注13）

　　財政部與聯邦準備制度理事會經常都有定期午餐的舉行，參加者除雙方首長外，還有兩個機構中其他專業人員。當時理事會主席爲艾克爾斯（Marriner Eccles），他與摩根索一樣都是總統的知己朋友，但兩人的差異則非常巨大。摩氏很少發言，艾氏則對各種問題都很清楚，總是滔滔不絕，講

個不停，控制了整個會場。他顯然有獨立的思想，常會發表一些不正統的意見。費利曼對他很入迷，對他的才智有高度的欽敬，但後來因與繼任的杜魯門（Harry S. Truman）總統意見不合而宣告辭職。

　　儘管摩根索的才智有限，但卻很會用人，對於有才能的人都很敬重。他在上任初期就仰賴費氏的老師范納的協助，是他部外的重要顧問，還請范氏介紹優秀人員參與他部中工作。其中有一位後來很著名的人士懷特（Harry D. White）就是范納介紹的，被任為貨幣研究司（Division of Monetary Research）的司長。懷特原是在威斯康辛的一間勞倫斯學院（Lawrence College）擔任經濟學教授，現既已在財政部擔任此一重要職務，亦就成為摩氏在這方面之主要顧問，並建立起很親近的關係。

　　費利曼記得在1942年的夏天，他與他所參與的賦稅研究司提出一種支出稅（spending tax），以補所得稅的不足，並替代一般稅率之提高的建議。凱恩斯則曾於1940年出版一本稱為《如何籌措戰費》（How to Pay for the War）的小冊子，提出了一種激烈的建議：就是推行強制儲蓄，待戰爭結束後償還，做為一種同時可用來消除戰後凱氏與他的門徒相信戰後可能會發生的經濟蕭條的方法。懷特與財政部有些其他同仁對此一想法甚為贊賞，因此希望亦能提出這樣一種建議，結果他們所提出的是將兩種新建議結合為一的意見：用支出而不用所得做為向大眾徵收資金的基礎，同時又將由而所徵

得的資金至少有一部分視為強制儲蓄而不是賦稅。費氏與他
賦稅研究司中提出支出稅的同仁，就強烈反對這種將二者結
合為一的建議。

　　當費氏與他同仁所提出的支出稅，將要送請參議院財政
委員會討論的前一天，這一糾紛還沒有解決，因此就在部長
室召開一次特別會議，以解決這一問題。據費氏所記得的，
當時出席的有十七人。經過詳細討論後，部長即交付表決，
結果是十六人贊成以支出稅的方式提出，只有懷特一人認為
這應該有一部分是強制儲蓄。部長認為一票就是多數。最後
就這樣提到了參議院，大家都認為提出這麼一個議案，而結
果卻無分文之收入，天下豈有這麼荒謬的事。

　　後來還有一個所謂「摩根索方案」（Morgenthau Plan），
建議要將戰後的德國變為一個農牧國家，聽說這一方案就是
懷特擬訂的。它曾於 1944 年 9 月暫為同盟國所同意，但以後
則改為一個比較溫和的方案。 1944 年 7 月還有世界經濟會議
在美國新罕布夏州布列登森林（ Britton Woods, New
Hampshire）召開，結果產生了國際貨幣基金（International
Monetary Fund ，嗣後簡稱 IMF ）與國際重建與發展銀行
（International Bank for Reconstruction and Development）兩個
機構。在會期間有所謂「懷特計畫」與「凱恩斯計畫」，上
項決議是兩個方案折衷的結果。但在該會舉行期前，費利曼
則已離開財政部，到紐約去擔任完全研究軍事問題的工作
了，所以他並沒有參加。

到了戰後懷特就成為美國國會「非美國活動委員會」（Un-American Activities Committee）中的一個爭議性的人物。當時一位記者名為錢伯斯（Whittaker Chambers）在其所寫的一部稱為《見證人》（Witness）書中控告懷特為共產黨的同路人，但非共產黨員。這件事後來引起一場很熱烈的全國性風波。費利曼根據他自己與懷特多年接觸的經驗，寫出自己的看法。他同意錢伯斯對懷特的描述，他說：「懷特絕對是一位在學術上能力卓著反應敏捷的人，但並不是深厚的。……他之所以不是一位共產黨員，簡單的就是因為他很重視自己的獨立性，他會毫不遲疑地將機密資料洩漏給共產黨……，自認是動機純良的。他對自己的判斷有強烈的信心，如果他認為將機密消息傳遞給俄國人是對美國有利的，他絕不會因為他的上司有不同的意見而不這樣做。」（注14）

懷特曾被國會非美活動委員會傳詢過許多次，都堅持自己是清白的。到1948年，在一次被傳詢後的第三天就因心臟病突發而逝世。

此外費利曼在財政部時所提出的，關於稅務上的改革意見相當眾多，這裡只提出對後來引起最大影響的一種略加追述，這就是個人所得稅的稅源扣繳制（withholding at source）。他當時之所以提出此制完全是為了充裕稅收，以應戰費之所需，後來這種目的果然達成了。但沒有想到也正因為如此，在戰爭結束以後，使政府可以有豐裕的收入去從事其職權的擴展。擴展到成為一個「我要嚴厲批評的、太龐大

的、太侵擾的、太破壞自由的機構。」（注15）

二、參加「統計研究小組」工作

　　一般地說，到了1943年所有能對戰事有所協助的財稅改革工作，大致上都已完全做了，這時費利曼的摯友華萊士正與他商談了多次，希望他能到紐約去幫他，共同推進一個研究幫助戰爭問題的機構，他最後是允諾了。這樣他就結束了兩年在財政部的工作，他唯一的遺憾是因而就沒有機會參與戰後國際金融重建計畫的研議了。如果他仍留在財政部的話，他很可能會參加上述在布列登森林舉行的那次國際會議。（注16）

　　華氏所組織的機構稱為「統計研究小組」（Statistical Research Group）是哥倫比亞大學之「戰爭研究部」（Division of War Research）中的一個單位，是政府中的「科學研究與發展局」（Office of Scientific Research and Development）的附屬機構。郝泰林教授是學術上的領導人。華氏自己是這一小組的行政主任，聘費利曼為副主任。該組的任務是要動員科學家在統計上直接協助軍事的進行，其服務的對象是陸軍部、海軍部、空軍司令部、海軍陸戰隊等等。由此可見，費利曼對於戰時所肩負的任務又從一位經濟學家變成為一位統計學家。同時，他對於戰爭之貢獻也顯然要比在財政部工作大得多。他既然不願直接參軍，這應該是最好的替代。他是

於1943年3月1日起到紐約上班的。

　　參加了這一小組後，他即接觸到許多傑出的人士，其中
有他的老師郝泰林，有他的知己朋友華萊士與斯蒂格勒，有
他在哥倫比亞的同學，其餘十多位都是非經濟學家，大多數
是數理統計學家與數學家。他從他們的工作中學到不少，他
自己在工作中也有一些貢獻，其中最主要的是他提出了一個
「序列抽樣」或「系統抽樣」（sequential sampling）的概念。
一般地說，戰時軍需品生產的抽樣檢查是要選擇一個既定數
量的樣本，並檢定其中之優良的部分，這是一個很乏味的過
程。費利曼與華萊士都認為檢定一個既定數量的樣本，顯然
是精力的浪費。實際上，檢定過程本身就可提供資訊讓我們
能決定已經達成的信賴水準。因此，與其不斷檢定一個固定
數量的樣本，不若檢定到所預定之信賴水準已到達時就行中
止。這時費利曼就提出一個上述的「序列抽樣」或「系統抽
樣」的概念，而引起了華爾德（Abraham Wald）的興趣與意
想，結果由他寫出了一部影響巨大的稱為《序列分析》
（*Sequential Analysis*）的著作。這種思想就很快地被採取，序
列分析也就成為品質管制檢查的標準方法。（注17）

　　到了1945年8月15日，日本無條件投降了，統計研究小
組的任務也就隨之結束。費利曼認為自己在數理統計學上的
造詣到了那時已達到最高峰，此後則不斷朝下坡路走。他認
為自己經歷一段空前絕後的生活經驗，因在這一小組中所有
同仁的用心都非常單純，都是在謀求一個共同目的之達成，

這就是如何謀求對戰爭力量之增加有所貢獻。其中很少內部
糾紛，很少自利操作，大家都集中努力於各自任務的完成，
這些情形是他過去所參加過的與以後所參加的機構中所未見
的。（注18）

　　同時，在他所新交的朋友中最令他欽佩的是賽維奇（L.
Jimmie Savage）。費利曼認為他是其所認識的少數天才之
一。他是一位重度殘障者，他的視力非常薄弱，幾乎完全失
明。中學畢業後，校方拒絕推薦他到任何一間大學，但他的
父親堅持他必須上大學，最後終於進去了，而且直到獲得博
士學位為止。他的基本貢獻是一部稱為《統計學的基礎》
（*Foundation of Statistics*）的名著，被視為一部在數理統計學
上引起革命的典籍，為後來發展而成為所謂貝氏統計學
（Bayesian Statistics）奠定了始基。賽維奇戰後曾到芝加哥大
學任教，後則轉赴密西根（Michigan）及耶魯（Yale）服
務，可惜於1971年逝世，僅享壽五十三歲。

　　統計研究小組到1945年9月30日才正式結束，斯蒂格勒
則早在幾個月前就回到他原任教的明尼蘇達大學（University
of Minnesota），華萊士則須多留一些時日，但幾個月後也回
到他原任教的史丹福大學（Stanford University）。費利曼也可
回到財政部服務，但他絕不願以政府工作為終身職業。他也
可回到國民經濟研究院去工作，但這也不是他所最愛的。他
所要的是一個學術生涯。到了9月間柏恩斯夫婦來安慰露
絲，要她不要擔心，費利曼一定會成為一位頂尖人物。露絲

表示她毫不懷疑他的才識，但現已是一家四口（他們的兒子大衛David已於1945年2月12日誕生）了，必須有一個可以長期落腳的地方。不久以後，謝謝好友斯蒂格勒的幫助，明尼蘇達大學終於給他一年的聘約。他倆就欣然決定攜帶兩個小孩前往任職了，這樣他就步上他久所憧憬的學術生涯的旅程。

注1： *Two Lucky People*, pp.103-104。

注2： Milton Friedman et al, *Taxing to Prevent Inflation*, New York, 1943, pp.83-84，此處轉引自 Leonard Silk, *The Economists*, Basic Books, Inc, 1976, p.57。

注3： 同上注。

注4： Milton Friedman, *Essays in Positive Economics*, The University of Chicago Press, Chicago, 1953, p.253, fn,2。

注5： 同注1書，p.104。

注6： 同上注書，pp.105-106。

注7： 同上注書，p.126。

注8： 同上注書，p.110。

注9： 同上注書，p.111。

注10： 同上注書，p.112。

注11： 同上注書，p.113。

注 12： 同上注書，p.114。

注 13： 同上注書，pp.115-116。

注 14： 同上注書，pp.118-119。

注 15： 同上注書，p.123。

注 16： 同上注書，p.124。

注 17： Allan Walters, "Milton Friedman" in *The New Palgrave*, vol.2, Macmillan, London, 1957, pp.422-423。

注 18： 同注 1 書，p.145。

第四章　步上學術生涯的坦途

一、到明尼蘇達大學任教

費利曼結束他在華盛頓之戰時服務後，即於 1945 年秋應聘到明尼蘇達大學就職。這可以說是他素所憧憬之學術生涯的真正開始。雖然他曾於 1941 年赴威斯康辛大學任教一年，但因到校不久以後，即被無故捲入該校經濟學系內部的派系之爭，只令他看到大學教授生活之醜陋的一面，而沒有嘗到教授生活的樂處。所以這只能視為其一生中所遭遇之一段不愉快的插曲，不能做為學術生活之真正的開始。到了明尼蘇達以後，正如他的夫人露絲所說：「明尼蘇達大學的友善環境與我們在威斯康辛大學所體驗到的是非常不同的。我們的朋友斯蒂格勒夫婦已在那邊，我們很快地就認識了系中其他的成員，有的與我們年齡相近，有的比我們年老。」（注 1）

費利曼每一學期要教兩門課，一為統計學，另一為經濟學，學生都是大學本科的，雖然該校當時正在開始擴展，後來也確實建立起一個像今天這樣水準相當高的研究生學部。他在到校以前，除了其知己朋友斯蒂格勒外，也還認識另一些經濟學家。他說：「系裡的氣氛與我在威斯康辛經濟學系中所感到的是迥然而異。這裡是愉快的，其中沒有派別，所有成員都親和相處，我們不久就體會到我們是受到同等對待的。」（注 2）

「最令我永難忘的是我在明尼蘇達大學時是與斯蒂格勒同用一間辦公室。我們早在芝加哥大學求學時就已成為親密

的朋友，但是同用一間辦公室就將這種親密性牢牢的綑結著，一直維持到他於1991年逝世時爲止。」（注3）

　　兩人同用一室之最好的結果是兩人共同寫了一本小冊子，原文爲《*Roofs or Ceiling? The Current Housing Problem*》，（注4）如將此題直譯爲「屋頂乎？天花板乎？」則很令人費解，這就使我不得不加以解釋。該題中之第一字自可直譯爲「屋頂」，但第二字「天花板」則不是眞正的指天花板。這是因爲美國在戰時要控制物價上漲，乃爲每物訂定一個最高價格，以限制之。這一最高價格就正如一間房之天花板一樣不能再高了，因此這一限定的最高價格即稱之爲ceiling。所以此處之ceiling自可譯爲「限價」。這一文題的意思是每一房屋都有一個屋頂，每個價格也有一個最高價，你要怎樣選擇呢？這也就是說：「你要有房子住呢？還是要限制房價（租）？」簡單的譯文是「屋頂乎？限價乎？」這個頗爲幽默的題目費利曼說是斯蒂格勒所命的。全文要旨有下列四點：

　　（一）在自由市場中，不論房租的高低，只要能付房租就可立即租到房屋。

　　（二）房租的上漲就會使人對於居住空間加以經濟使用。要想有充足的新屋建造，增加房租是唯一的辦法。

　　（三）房租的增高可以刺激新屋的興建。

　　（四）房屋的分配不需要複雜的、費錢的龐大機構，可通過價格機能靜靜地自然地進行。（注5）

　　在此我們可以看出費氏現已是個徹底的自由市場推動者。對於他們這種主張有人是贊成的，有人則持反對的論調。費氏說這是他第一次嘗到引起爭議的滋味。（注6）前者最重要的是美國全國不動產業者協會（National Association of Real Estate Boards），它並將之加以濃縮印發了五十萬本，做為推行反對房租管制運動的理論依據。後者則多為學術界人士，其中有一名為Robert Bangs者就在《美國經濟評論》（American Economic Review）中發表一篇書評，認為「這本寫得很好且說理嚴謹的通俗小冊子，提出了一種反對房租管制的主張。……但這是一本『政治的小冊子』。……廢除房租管制不會解決住屋問題，但它很易造成不平均的惡化。」（注7）他又在另一報章上說：「經濟學家會在這種胡說八道的文章上簽名，對於他們所代表的專業是一種負面的服務。」（注8）據薩繆森說，這本小冊子「實際上觸怒了整個專業──這可告訴你，我們在戰後初期的心智狀態。」（注9）

　　這本小冊子還引起另一種完全不同的爭議。這就是原來要出版這本書的機構「經濟教育基金會」創辦人李德（Leonard Lead）與他的同僚華滋（Oval Walts）曾反對書中的一段話而主張刪除。這段話的譯文如下：「在自由市場的情形之下，較優的住屋是會被所得較多、財富較豐的人所占有。這一事實如果有任何意義的話，就正是說明了對於所得與財富之不平均狀況要加以減少，必須採取長期措施的一個理由。在一些像我們這樣認為現狀甚至還要更平均的人看

來，不僅是住屋，而是所有產品，對於目前所得與財富的不平均，直接從其產生的根源入手處理，必定比對於各種構成我們生活程度之商品與勞務個別加以分配要好得多。聽任個人收到不平均的所得，然後採取繁瑣的費事措施，以限制他們使用他們的所得，這是極端荒謬的。」（注10）

他們倆人拒絕刪除，並表示與其如此，毋寧退回微薄的稿酬，而收回原稿。最後這段文字未經刪除而刊出，但在此段之後，另加一編者的注解如下：「作者沒有說明他們所謂的『長期措施』是否超越特權的消除之外，例如是否超越現由政府保護之壟斷這種特權之外。但是，無論如何，他們對於這一點的意見之重要性是值得特別注意的。它的意思甚至就是從那些將平等（均）置於正義與自由之上者的觀點看來，房租管制也是荒謬絕倫的。」（注11）

他們倆人都認為這一注解實際上是控告他們是置平等高於正義與自由的，是不可原諒的。因此他們就決定從今以後絕不與該基金會或李德本人有任何瓜葛。（注12）但費利曼最後終於遇到李德，因為他也像他一樣於參加蒙柏崙學會（Mont Pelerin Society）之後在巴黎飛機場同等另一班機，在這一等機的幾小時交談中，終於將這一場誤解消除了。他發現李德是一位可愛的堅持原則的人，從此成為可靠的朋友。他創建的那一基金會，在他主持之下，一直是當時少數幾個堅持原則的自由社會的保衛者之一。（注13）至於蒙柏崙學會的性質則於下文再加說明。

54

　　費利曼夫婦每天在明尼蘇達的生活照常，按既定程序安度著。雖然這一聘約當初只有一年，但早在學年結束以前校方已徵詢費氏，是否願以副教授並有永久任期的職位繼續在該校服務，費氏已表示願意，所以他倆自己有在該校長住下去的計畫。但想不到在1946年的春天卻發生意外的變化。這是芝加哥大學想要聘請斯蒂格勒前往任教授而引起的，現可引斯蒂格勒在他的回憶錄中一段記載來說明。他這樣寫：「在1946年的春天我接到芝加哥大學想要聘我為教授的約定，我當然對這一約定感到非常喜悅。這一約定能否成為事實則須決定於一次與學校當局的面談。我也就去了芝加哥與校長柯爾威（President Ernest Colwell）面談，因為校務長赫欽斯（Chancellor Robert Hatchins）那天身體不適。結果我被否決了！柯威爾說我太重視實證（empirical）了，無疑的我那天是如此。因此這一教授職位就給了費利曼，柯威爾校長與我就這樣啟動了一個新的芝加哥學派的創立。我們倆人對於那一聘請的完成都有功績，雖然我有一段很長時間不願與柯威爾分享。」（注14）

　　在這裡可順帶一述斯蒂格勒的經歷。他於1936年離開芝加哥大學到愛和華州立學院（Iowa State College）任助理教授。1938年獲芝加哥大學博士學位後，即轉到明尼蘇達大學任副教授，到1945-46學年升為教授。在此期間他曾向校方請假十個月到紐約「統計研究小組」服務，而於1945-46這一學年中返校。現在芝加哥大學既然不聘，他就轉往布朗大

學任教一年，然後再轉哥倫比亞大學任教授。但他之所以最後沒有得到芝加哥大學的聘約，亦曾引起一些謠言與猜測。根據他的兒子斯蒂文（Stephen）的分析，按照常理柯威爾不可能推翻經濟學系方的要求，除非系中最有權威的份子反對。當時有個由一群計量經濟學家所組成的科威爾斯委員會（Cowles Commission for Research in Economics）設在芝加哥大學經濟系中，這一委員會很重視以數理方法去研究經濟學，其中有一位重要份子名爲馬先克（Jacob Marshak, 1898-1977），他是該會與經濟學系合聘的教授，他認爲斯蒂格勒不夠數理化，不足以擔任教授職務。（注15）

二、參加「蒙柏崙學會」成立大會

費利曼夫婦儘管感到在明尼蘇達的生活很舒適，但能回到芝加哥自然會感到十分的滿足，因爲它一直就是被視爲是「我們的大學」。（注16）但這種滿足的來臨顯然是以斯蒂格勒爲犧牲的。但斯氏卻從沒有因而對他們之親密的友誼有絲毫之影響，自更可看出斯蒂格勒之氣度的宏大。（注17）不過，儘管如此，斯蒂格勒對於這次芝加哥的拒絕延聘，在他內心所感受的打擊是深重的。這從他以後一直拒絕芝加哥曾多次的想邀他回來這一事實中可以充分看出。到了1958年，當華萊士擔任該校商學院院長時，向他提出一個待遇非常優厚的講座教授，才將他引回他所屬的芝加哥大學。（注18）

　　還有一點使他們感到愉快的是露絲的哥哥艾倫（Aaron Director），也在這時從華府回到芝加哥，並成為其法學院中之第一位經濟學家，擔任該院的專職人員，以接替沙門斯在該校擔任的課程。沙門斯因於暑期中服安眠藥過量而逝世。從種種跡象看來，這顯然是一種自殺，殊深痛惜。

　　費利曼一回芝加哥大學主要的是接范納的缺，教他在研究所受的經濟理論的課。因為范納已轉往普林斯敦大學（Princeton University）任教。關於他回校任教以後的情形當於下文敘述。現須先說明的是另一對於費利曼學術生涯之發展影響巨大的事，這就是他得到一個機會，可以參加蒙柏崙學會在 1947 年春舉行的成立大會。這一學會是海耶克（F. A. Hayek, 1899-1992）發起的，其任務就是要團結世界上所有古典自由主義的信徒，以促進這種思想的復興而解救當時仍然存在的世界危機。（注 19）費氏說：「這一蒙柏崙之旅以及嗣後與該學會發生的關係是我生活上重大事件。……這次旅行提供我第一次出國的機會，使我認識了經濟學以及其他領域之傑出學人，有些成為親近的朋友。這同時也加強我對於政治哲學與公共政策之初發的興趣。」

　　「我之所以能被選參加蒙柏崙的會議是由於艾倫的介紹。他在倫敦經濟學院從事一年之研究時認識了海耶克，艾倫還是使海耶克的《到奴役之路》能由芝加哥大學出版部刊出的促成者。海氏曾與艾倫及其他人士研議如何籌組該次會議，結果斯蒂格勒與我就在被邀請參加者之列，出席從 1947

年4月1日起在瑞士蒙柏崙舉行的十天會議，一切費用均已有妥善安排。」（注20）當時出席的人數共爲三十九位，從芝加哥去的還有奈特教授。後來該會議就決定以蒙柏崙這一地名做爲會名。

費利曼回憶說，儘管他第一次見到歐洲的景色是饒有興味的，但其眞正的收穫是蒙柏崙，正如他給露絲的信中所說：「這個地方是無法相信的神妙。」至於會議，「我們每天集會三次——上午、下午與晚間……，這是非常疲乏的，但也非常引人入勝。」在這裡，他說：「我是一個年輕的純眞的美國鄉下人，遇到從世界各國前來的人士，大家都像我們一樣爲同一自由原則而獻身。所有人士都被困守於他們自己的國家，在這些人中，有的已是世界著名的，有的則將要成爲這樣的人物。與這些人的交往已豐富了我們的生活，同時又參與一個學會的創立，這一學會在自由觀念的保全與加強上已肩負了主要的任務。」費利曼特別指出，「這是我積極參與這一政治歷程的開始。」（注21）

從以上以及本書前二章之所述，我們可以充分地看出費利曼能膺芝加哥大學之任而走上學術生涯之坦途的是有充分準備的。他不但在大學研究生時代留在芝加哥大學，受到范納與奈特等在經濟理論上的教導，並曾在哥倫比亞大學受到郝泰林在數理經濟學與統計學方面之精深薰陶，以及密契爾在經濟循環方面的講解，而且在其從事實際工作時先能參與密契爾所創立之「國民經濟研究院」，接受其從事經濟實況

分析的訓練，後又能參加「統計研究小組」再受郝泰林之指
導，以及其他同仁的切磋，使其在數理統計學能有顛峰的造
詣。現在又能參加蒙柏崙學會及此後每年在世界各地舉行的
年會，更擴大了他的世界視野。這在當代新進的大學教授中
是很少能在學術準備上可以與他倫比的。此後他在學術界聲
譽日增可以說也是在意料之中的。

三、返芝加哥大學服務

（一）芝加哥大學的特色

1946年秋，費利曼夫婦終於能回到他們所謂的「我們的
大學」，感到非常滿意。但這又是怎樣一間大學？費利曼曾
作如此描述，「芝加哥大學是以濃厚的激勵性的學術空氣而
著名。重視思想與觀念，學術討論之進行完全憑各人的學術
能力，不問其在校中的等級，對於非傳統的意見都能容忍，
在不同學科之間亦常交流——這些都是我們繼續認為是『我
們的大學』的特色。」（注22）

但是這些特色是怎樣形成的？這就要從芝加哥大學是怎
樣創立的說起。它是1857年在美國中西部最大城芝加哥成立
的，中期曾一度於1886年關閉，後於1892年獲洛克菲勒
（John D. Rockefeller, 1839-1937）資助而復校。一般地說，早
年美國大學的設立不是便於上流社會的子女完成高等教育，
就是為各宗教流派培養神職人員。芝加哥大學則非如此。它

一開始就要以從事高深研究與推進研究生教育爲主旨，期能成爲一個純絆追求高深學理與傳播高深知識的學術中心。這是一種打破傳統的積極進取的作風，在美國教育史上是首創的，與它相近的恐怕只有約翰霍普金斯大學（Johns Hopkins University）。

在這樣一個大學中所成立的經濟學系自然也要朝同一方向去努力。很幸運的，當時的校長哈卜（Harper）能從康乃爾大學（Cornell University），將其經濟學系主任賴富林（James L. Laughlin, 1850-1933）延聘過來擔任同樣的職務。費利曼認爲他擔任此職貢獻最爲重大而久遠，因爲「雖然他自己是一位堅持保守思想，主張實質貨幣的人，但在教員的聘請與系務的推展方面，則對於思想不同的人必採特別容忍的態度。在一開始時他就將范伯倫（Thorstein Veblen, 1857-1929）從康乃爾帶過來，且在系中任教長達十四年之久，這是在范氏坎坷的一生中所僅見的。（注23）賴富林在芝加哥最早的一項措施是創辦了《政治經濟學刊》（*Journal of Political Economy*），由他自己擔任主編，而由范伯倫擔任執行編輯。「……他對於教授的研究工作非常重視，對於研究生亦是如此，認爲是其所受之訓練的一部分。……這些芝加哥經濟學系之特性還一直保留到今天。」（注24）

那麼這種特性又怎麼能保留到今天呢？這顯然與其以後主持校政與系務者的人品有關。就校政論，最主要的一位人物就是赫欽斯（Robert Maynard Hutchins）。他於1929年在擔

任耶魯大學（Yale University）法學院院長之後就先以校長後
又以校務長名義治理校務。當時他只有三十歲，一直承負此
項職務到 1951 年為止。他是一個非凡且賦有領袖魅力的人
物，相信在閱讀與研究上的學術成就是大學所追求的唯一目
標。他一直就以此為治校的要務，努力以赴。經濟學系在這
種大環境之中，再加上賴富林早期奠定的優良基礎，自然也
就很順暢地發展。到了 1946 年費利曼以副教授名義返校時，
經濟學系所座落的四方院大樓（Quadrangle）附近的景色依
舊，但人事已非。在他當學生時的教授只有三人仍在校服
務，這就是奈特、閔滋與道格拉斯，其他都是新人。現就可
將這些年的主要變動略加敘述。

（二）教授陣容的變動

　　首先我想談的是朗格（Oskar Lange, 1904-1965）。他是波
蘭人，在 1938 年被聘為助理教授。他之所以被聘，是為了要
滿足當時芝加哥經濟學系之多方面的需求。他是一位對於經
濟理論之新發展有切實研究的人，居於凱恩斯革命先鋒的地
位。由於對資本理論與效用理論都有深入研究，乃被視為一
位卓越的數理經濟學家。同時，他也認為價格理論可用於社
會主義的經濟體制，而肩負解決資源調配問題。這是對海耶
克與米塞斯（Ludwig Von Mises, 1881-1973）認為社會主義無
法運作的一種解答。

　　當時他研究的重點是在數理經濟學與計量經濟學，正足

以補舒爾茲教授的不足，但他到校不到六個月，舒爾茲教授則因車禍而慘逝，這樣他就成為系中在這些部門中的重要角色。還有一點可敘述的，是他上課一如范納教授之條理分明、組織嚴整，但對學生的態度則極為親和，不像范納那樣嚴酷，所以更得學生的愛戴。同時，他與同事相處亦彬彬有禮，對於長者范納與奈特更為崇敬。因此，他在這一充滿著爭論的經濟學系中可以說是一位人人喜悅的人物。

他於1944年曾發表了一本稱為《價格伸縮性與就業》（*Price Flexibility and Employment*）的書，後來費利曼曾對之寫了一篇書評，刊於他的《實證經濟學論文集》（*Essays in Positive Economics*）。為求芝加哥對於經濟理論之最近發展有更深切的瞭解，他曾建議系方應多延聘這方面的人才前來任教，特別是對於勒納（Abba P. Lerner, 1903-1982），他極想延聘，可惜不能說服同仁而告失敗。到了1939年科威爾斯委員會駐留芝加哥，其研究主任馬先克就成為經濟學系的合聘教授。朗格甚感欽慰，希望馬氏在教授聘請方面能與他合作。但是到了1945年，他恢復了波蘭國籍，轉任波蘭駐美國大使，嗣後且返回其祖國參與國政的處理，已完全脫離學術界了。（注25）

接著我要談的是關於科威爾斯委員會之進駐芝加哥大學的情形。這一機構是1932年由科威爾斯（Alfred Cowles）創立的，是想「促進經濟理論與經濟學及統計學之關係的科學研究與發展」。原來是設在柯羅拉多大學（University of

Colorado）的，後於 1939 年就遷往芝加哥大學與其經濟學系
密切合作，以補當時經濟學系之在數理經濟與統計學方面之
不足。但該會的人事與會計是完全獨立的。該會人才濟濟，
其中後來獲得諾貝爾經濟學獎的就有艾羅（Kenneth Arrow）
於 1972 年得到，柯普曼（Tjalling Koopmans, 1910-1989）於
1975 年得到，克拉因（Lawrence Klein）於 1980 年得到，哈
維爾莫（Trygve Haavelmo）於 1989 年得到。該會前後兩位
研究主任都與經濟學系合聘為教授，前者就是上述的馬先
克，後者為柯普曼。馬先克是在俄國出生的，先在德國海德
堡大學（University of Heidelberg）任教，當希特勒執政後就
移民到英國，後來再轉到美國，是一位極有創意的多產的學
者。柯普曼則出生於荷蘭，曾與第一屆諾貝爾獎得主丁勃根
（Jan Tinbergen, 1903-1974）共事，在 1940 年移民到美國，於
1944 年參加科威爾斯委員會。

　　兩人個性不同，馬先克比較熱情，柯普曼則比較冷漠。
前者是真正學者，對經濟學各部門都有興趣；他曾與費利曼
同在系中開貨幣學一課，也常在一起開系會，所以彼此比較
熟悉。後者則非常專門，研討非常狹隘的經濟學與統計學上
的理論問題，利用聯立方程式為經濟體系構建出模型，這是
他所以得到諾貝爾獎的原因。該會研究人員後來都成為數理
經濟學與計量經濟學的領袖人物。他們常在晚間開研討會，
費利曼與經濟學系其他人員也常常參加，兩個單位之間的往
來非常頻繁。（注 26）費氏喜在會中發言，對他們的研究方

法不表同意。同樣的，該會同仁亦常參加經濟學系的討論會。因此在這裡可順便提到的是有些研究芝加哥經濟學系發展歷史的人士，認為該系與科威爾斯委員會相處得不甚融洽。例如雷德（Melvin Reder）就曾如此說：「當時為了競求學術上的崇高地位與機構上的控制力量，在費利曼、華萊士及他們的支持者與科威爾斯委員會及其擁戴者之間就發生了紛爭。這場紛爭一直延續到1950年代……，到了1953年科威爾斯委員會遷往耶魯大學時才告結束。」（注27）。鑒於二者對於經濟學研究方法都有各自之強烈主張，這種意見不合的君子之爭自難避免，但當不致發生嚴重的後果。例如對於該會的離開芝加哥，費利曼就曾作如此解釋：「在1953年儘管經濟學系與學校當局都力勸科威爾斯仍將委員會留在芝加哥，科威爾斯還是要將它遷往耶魯。我相信我們之所以不能勸他留下來，一方面是由於科威爾斯本人與耶魯的關係密切，他是耶魯的畢業生，另一部分是耶魯所提供的財務協助遠非芝加哥所能負擔。不管什麼原因，這一移動都是芝加哥之重大的損失。」（注28）

接著再要述一項人事的發展，這就是另一位舒爾茲的聘進，他的名字叫西和圖‧舒爾茲（Theodore Schultz, 1902-1998）。他是1943年來校的，不久以後即擔任經濟學系主任，一直擔任了十五年。他是一位幹練的主任，在他領導之下，全系同仁都合作無間，和諧相處，絕沒有像費利曼之前在威斯康辛大學所發生的，以及其他各校也常發生的人事糾

紛。費氏說：「就我個人論，我非常感激西和圖‧舒爾茲爲芝加哥創立這樣一個優良的環境，使我能從事我的教學與研究。」（注29）

在來到芝加哥之前，舒爾茲是愛和華州立學院（Iowa State College）之經濟學與社會學系的主任，約擔任十年之久。在此期間他吸收了一群優秀的青年教員，這群人到了後來差不多都成爲各自學門的領袖人物，其中有許多是來自芝加哥大學，例如斯蒂格勒、瓊斯、鮑亭等都是。由於他自己主修的是農業經濟學，乃使愛和華被公認爲是這一學科之最著名的學校。也因爲如此，使一個完全是座落在城市的芝加哥大學，也成爲研究這一學科的一個中心。他後來於1979年也因這方面之特殊貢獻而獲得諾貝爾獎。他當時之所以離開愛和華是爲了爭取學術自由而辭職，隨他到芝加哥任教的還有強森（O. Gale Johnson）。強森原來也是芝加哥大學出身的，後來成爲社會科學院的院長，並再轉任教務長（Provost），但從未脫離經濟學系的教職，或停止從事重要的研究工作。

在1946年經濟學系還聘請梅哲勒（Lloyd Metzler）任教，講授國際貿易。他是凱恩斯一般均衡理論家之一，與科威爾斯委員會的人士比較接近。據雷德的記載，上述費利曼及其同仁與科威爾斯委員會之間的紛爭的結束，一部分是由該會之離開，另一原因也由於梅哲勒之患病而陷於半退休狀態的關係。（注30）

　　以上所述的都是費利曼過去所未識的人物，現可轉而談談他原已相識的師友。第一位當然是奈特，他當時仍在系中執教，到1955年才退休。費利曼夫婦之所以與他關係一直特別親近，一部分是由於他夫人曾任奈特的助理，關係密切的緣故，一部分也是由於他夫人的哥哥艾倫‧杜萊特也與奈特相知甚深的關係。

　　第二位要談的是道格拉斯，他在1920年就成為芝加哥大學的產業關係（industrial relations）的助理教授。他的興趣很廣，著作很多。艾倫‧杜萊特最初於1927年到芝加哥就是協助他工作，而且還合著了一本《失業問題》（*The Problem of Unemployment*）的書。後來因為受奈特的影響而離開了道格拉斯。（注31）他是一位傳統的制度學派的學者，寫了許多關於工人生活與工作狀況的文章，主張對於這種情形加以改革。對於政府之對於經濟活動予以干預，他是絕對支持的。

　　他也是一位數量勞動經濟學的先驅，奠定了芝加哥大學之實證勞動經濟學的基礎。他對經濟學最大的貢獻可以說是在對於生產的研究提出了一個Cobb-Douglas Production Function（柯布─道格拉斯生產函數），這幾乎已成為經濟學家時常運用的一個工具。

　　由於他對於公共事務甚有興趣，到1939年就被選為代表芝加哥大學附近地區的市議員。後來珍珠港事變發生了，他也就自動以士兵資格參加美國海軍陸戰隊報效國家，儘管他

的宗教信仰是一位主張非戰的貴格會員（Quaker）。戰爭結束後他以中校官階退役，而與費利曼同於1946年返校任職，但已喪失了一隻手臂。到了1947年他被選為美國經濟學會會長。他的會長講詞題為「經濟上有生產定律嗎？」（Are There Laws of Production？）他提出一個高度統計性的答案。（注32）到了1948年，他以民主黨身分參加美國參議員競選，結果成功了，就轉往華府任職，一直服務了十八年。到1966年再行競選連任時，卻被另一位芝加哥大學畢業且為當時該校董事會中之一員的卜賽（Charles Percy）所擊敗，感到非常懊喪，因為他認為「世界上沒有一種工作比美國參議員更好了！」（注33）

除了上面兩位老師外，還有兩位朋友與費利曼同年到校服務，一位就是上面提到過的杜萊特，他雖不在經濟學系任職，但與經濟學系關係密切，因為他是法學院第一位經濟學家被聘為專職人員。過去沙門斯曾擔任過，但沙氏是與經濟學系合併的。他創立一個專門的法律與經濟學科（a discipline of law and economics）。後來費利曼的兒子大衛就是研究這一學科。他還創立了一個《法律與經濟學刊》（*Journal of Law and Economics*），並於1958-63年間任主編。

另一位就是華萊士，他在戰後先回史丹福大學原職，後轉返芝加哥商學院任教統計學，就因為如此，他就不能再得到本校的博士學位了。他本來已具備了除論文之外所有博士學位所須具備的各種條件，但芝加哥大學規定不能以博士學

位頒給本校教員。儘管如此，這絲毫沒有阻礙他以後事業上的發展。由於他幹練的行政能力，他於1958年成為商學院院長，也正因為他居於這一位置使他能設法以一待遇優厚的「華格林美國制度講座教授」（Charles R. Walgreen Professorship of American Institutions）職位，將斯蒂格勒從哥倫比亞大學請回擔任商學院與經濟學系合聘的教授。

此外，在費利曼回校服務的同一年，還有一位他過去在華府結交的朋友賽維奇，以洛克菲勒研究員（Rockerfeller Fellow）身分，也到芝加哥的輻射生物學與生物物理學研究所（Institute of Radiobiology and Biophysics）服務。翌年則被數學系聘請，講授統計學。待統計學獨立成為一個學系後，他又被聘為主任。他無疑是一位天才，使費利曼對於統計學的基礎有更進一步的瞭解，特別是對機率概念的解釋，更使他有深切的領悟。

以上是費利曼於1946年參加經濟學系以後所接觸到的許多人物。這當然不是全部，但由而已可看出當時芝加哥陣容的堅強。後來又再有另一強森（Harry Johnson, 1923- 1979）與哈勃格（Al Harbarger）的參與自更為經濟學系增色非淺。所以，費利曼是很為自己能與他們共事而感到慶幸的。（注34）

（三）費氏教學情形

現可轉而敘述他的教學情形。他在芝加哥大學任教三十

年，初期之主要任務是在接范納教授爲研究生所開的經濟理論課。但在早年也爲大學本科學生教一門貨幣與銀行。在教經濟理論時最初是以馬夏爾（Alfred Marshall, 1842-1924）的《經濟學原理》（*Principles of Economics*）爲基本的教本。他要傳輸的是馬氏所謂經濟學是「發現眞理的引擎」，不是數學的一支。他相信這是「芝加哥經濟學」的特色，與其他一些主要大學對研究生所傳授的經濟學是不同的。到了數年以後，班上有兩位同學根據他們上課時的筆記編成一書，經過他的增刪以後就以《價格理論》（*Price Theory*）爲名，用油印方式發行。由於這一油印本流行頗廣，他乃於1962年以微薄的紙張正式刊印發行，並在書名上加上「一本暫時的教本」（a Provisional Text）一詞，表示以後還要修改。十四年後一本修正的擴大的《價格理論》終於出版，他在該書的序文曾這樣說：「自從這書初次發刊不久以後，我就從教價格理論改教貨幣理論將近十年。三年以前，我又再教價格理論，翌年（1975-76學年）我計畫最後一次教這門課。因此，如果我眞的要對那冊於1962年的暫時教本大事修改的話，這就是時候了。我不能自認現在這一版本是我早年教這門課時在腦海中（或者在我年輕時的夢幻中）所意圖完成的著作。但是這已經是大事擴充了的，而且我希望是一改進了的版本。」（注35）

同時，費利曼表示他給學生的評分，不限於考試時的成績，還要看他對所指定的課外作業的情形。他說有一次他在

上課時，指定一個問題要大家帶回去作解答。結果最優秀的、最有原創性的、最深入的分析是出自一位中國學生，而他在考試時的成績則非常差。由於這件事的啟發，使他相信僅僅根據筆試而評分是不公平的，課外作業的表現至少是同樣的重要。（注36）這位中國學生的博士論文也是他指導的，後來他到中國訪問時也曾遇到他，這是後話，當再另章說明（見第十六章）。

他後來之所以不再教價格理論而改教貨幣理論，是因為系方認為價格理論一課的內容大致上是確定了，而貨幣理論則因閔滋教授於1953年退休後經過許多人接替，而各人所教的則互不相同，這就顯得這門課的內容有點雜亂了，系中就要他出來加以整合。雖然他的研究是集中於貨幣理論，但他為了不要使自己過分專門化，所以不教貨幣理論。現在系方既有此需要，他當然就照辦了。

本來他想根據他在課堂上所講的寫成一本貨幣理論教科書，而且都已經錄音了。但後來經過他夫人露絲將之變成文字後，則感到不能就這樣出版而須大事修改。可是這就相當費時，讓他感到不值得去做了。（注37）

在1953年他還創設了一個貨幣與銀行工作室（The Workshop in Money and Banking），由十來位研究生所組成。他主持了二十多年，訂定了兩項規則：一為凡是願意在貨幣範域內（廣義的）從事積極研究工作，並亦願提供一、兩篇論文的研究生都可參加。二為所有集會的研討都以事前寫成

而分發之論文爲基礎，屆時原作者只能利用五分鐘作補充說明，或改正其中的錯誤。他認爲這兩項規則的推行是工作室之成功的大部分原因，因爲這樣就可聚集一群研究者從事相互協助與批評，而不致成爲一系列之諮詢性的講述。這也是工作室與一般的討論班（seminar）不同的地方。

工作室對於學生發揮了多種功能，一可指導學生從事研究的方法，二可幫助學生快速完成博士論文的撰寫，三可增進貨幣範域內之研究工作的品質。這就不僅限於芝加哥，而且可以廣及其他各校，因爲這一工作室後來已逐漸成爲各地所完成有關貨幣研究的測試場地。許多在這一工作室所完成的不僅是博士論文，而且還有一些成爲學術期刊中的論文或者獨立的書籍。工作室本身就出版了四部書籍，其中主要都是博士論文，有些且已成爲這些課題的經典。所以工作室的成績是輝煌的。（注38）

此外他對於博士論文的指導也勤於承擔，在其服務的三十年間，一共指導了七十五篇，平均每年約兩、三篇。這與奈特教授一共不過指導了兩篇相比起來，實在差得太遠了。

同時，當他在校服務期間也曾赴英國劍橋大學（University of Cambridge）擔任客座教授一學年，曾往加州大學洛杉磯校區（UCLA）擔任一學季，也往夏威夷大學（University of Hawaii）擔任一學季，都受到熱烈歡迎，對於校際學術交流自有相當貢獻。

以上是費氏在芝加哥服務期間的一般情形，由於他口齒

伶俐、說理清晰、態度懇切以及反應敏捷，到校不久即成爲系中之首腦人物，被學生視爲偉大的老師。因而他所教出的人才也就非常之多，如以獲諾貝爾獎論，親受其直接教導者就有三人：一爲布肯南（James M. Buchanan）在1986年得到，二爲貝格爾（Gary S. Becker）在1992年得到，三爲盧卡斯（Robert Lucas）在1995年得到。其他當他在芝加哥執教期中曾間接受其影響而獲獎者亦有三位：一爲馬科維茲（Harry Markowitz）在1990年得到，二爲司哥爾斯（Myron Scholes）在1997年得到，三爲赫格曼（James J. Heckman）在2000年獲得。所以他感到能在芝加哥任教是很幸運的，眞所謂「集天下英才而教之，不亦樂乎」？同時他相信教書是一種雙軌的過程（a two-way process），（注39）就是我們常說的：「教學相長」，他由而也學到不少，所以還能寫出許多的學術文章，自然更感到欣慰了。

注1：　*Two Lucky People*, p.148。

注2：　同上注書，p.149。

注3：　同上注。

注4：　由 Foundation of Economic Education 於1946年9月出版，重印於 Milton Friedman, *Monetarist Economics* 一書中，本文所引的都來自此書。

注 5： Milton Friedman, *Monetarist Economics*, Institute of Economic Affairs, London, 1991, p.171。

注 6： 同注 1 書，p.150。

注 7： *American Economic Review*, vol.37, No.3, June 1947, pp.482-483。

注 8： 同注 1 書，p.150。

注 9： Leonard Silk, *The Economists*, Basic Books, Inc., New York, 1976, p.65。

注 10： 同注 5 書，p.172。

注 11： 同注 1 書，p.151，在上注書中則無此段。

注 12： 同上注。

注 13： 同上注。

注 14： George Stigler, *Memoirs of an Unregulated Economist*, Basic Books, Inc, Publishers, New, York, 1985, p.40。

注 15： Lanny Eberestein, *Milton Friedman, a Biography*, Palgrave Macmillan, New York, 2007, p.51。

注 16： 同注 1 書，p.188。

注 17： 同上注書，p.153。

注 18： Milton Freidman, George Stigler : A Personal Reminiscence, *Journal of Political Economy*, vol.101, No.51, 1993, p.767。

注 19： 參閱拙著《偉大經濟學家海耶克》第十一章，天下遠見出版公司，2007 年出版。

注 20： 同注 1 書，p.158。

注 21 ： 同上注書，p.159。

注 22 ： 同上注書，p.183。

注 23 ： 范伯倫是美國制度學派的開山鼻祖，要瞭解他的思想與遭遇可參閱拙著《現代經濟思潮》第二章，台北華泰文化事業公司，2000 年出版

注 24 ： Milton Friedman, "James Laurence Laughlin" , *New Palgrave*, vol. 3, Macmillan, London, 1987, pp.139-140。

注 25 ： Melvin W. Reder, "Chicago Economics: Performance and Change", *Journal of Economic Literature*, vol. 20. No.1, 1982, pp.4-5。

注 26 ： 同注 1 書，p.197。

注 27 ： Melvin W. Reder, "Chicago School", *New Palgrave*, vol. 1, Macmillian, London, 1987, p.415。

注 28 ： 同注 1 書，p.198。

注 29 ： 同上注書，p.192。

注 30 ： 同注 27 文，p.415。

注 31 ： 關於奈特與道格拉斯二人的不和情形可參考 George Stigler，*Memoirs of An Unregulated Economist*, Basic Books, Inc., New York, 1985, chapter 12。

注 32 ： *American Economic Review*, 38, March 1948。

注 33 ： 同注 1 書，p.196。

注 34 ： 同上注書，p.199。

注 35 ： Milton Friedman, *Price Theory*, Aldine Publishing Company,

1976, p.vii。

注 36： 同注 1 書，p.205。

注 37： 同上注書，p.207。

注 38： 同上注書，pp.208-209。

注 39： 同上注書，p.212。

第五章　芝加哥學派的興起

在經濟思想史上曾有幾個以倡導者講學的所在學府爲名號的學派，如英國的劍橋學派、奧國的維也納學派、瑞士的洛桑學派、瑞典的斯德哥爾摩學派等等。近年來又有美國的芝加哥學派，這一學派的興起與費利曼有深切的關係。現可略加追述。

一、 1930年代的芝加哥經濟學系

談到芝加哥學派自可從二十世紀1930年代芝加哥大學經濟學系的情形說起。當時該系的組成份子相當複雜，主要的可分爲三群不同的人物。一群是奈特、范納、沙門斯與閔滋，都是一些新古典的經濟學家。另一群是納夫（John U. Nef）、藍艾特（Chester Wright）、李蘭（Simeon Leland）與密爾斯（Harry A. Mills），他們可以說是一群美國制度學派的代表；他們的學生是研究生中的多數，與美國其他大學所訓練的沒有多大差異。第三群則人數很少，但很有影響力，這就是一些數量經濟學家或者計量經濟學家的先驅，他們是道格拉斯、舒爾茲與朗格，其中道格拉斯還可以說是上述制度學派的代表，朗格則爲一位市場社會主義者。但舒爾茲則不幸於1938年因車禍而斃命，不過翌年有科威爾斯委員會的參與，其中有不少數理經濟學家，自然增加這方面的聲勢。在這些教授中對費利曼影響最大的是上述的第一群，現在可以就他與他夫人記憶之所及略加敘述。

　　首先自可從上述的范納教授說起，因為這是 1932 年費利曼與後來成為他夫人的露絲‧杜萊特首次在同一課中所遇到的老師。這門課稱為「價格與分配理論」，是每位研究生必修的最主要的課，這在第一章中就已提到。范納講得極有系統，有高度嚴整的組織。他在教室中態度非常嚴格，謠傳他每年總要在班上淘汰至少三分之一。露絲曾這樣回憶：「范納給米爾登（作者注：這是費氏的名字）與我開啟了一個新的天地，他將經濟理論解釋得非常精采，使它成為一門引人入勝的課程。在范納手中，經濟理論是一套嚴整的工具，要小心的運用，要特別注意它在邏輯上的緊湊性，但基本上要看遇到實際重要經濟事件時，是否可用來幫助自己的瞭解。」（注1）

　　他的專長是國際貿易理論，對經濟思想史亦有豐富的知識，是經濟學界的著名人士。不過，在這兩位學生的心目中，范氏也有一弱點，這就是對於自己所犯的錯誤不願虛心接受。他們舉出范氏在 1931 年所寫的那篇稱為「Cost Curves and Supply Curves」的著名論文為例，范氏在該文注釋中特別聲明他曾邀繪圖員，要照他的意思將所有這兩種曲線都要畫成在各自之最低點時相切。這位繪圖員 Y. K. Wong（作者注：應為中國人，不知其真正姓名，姑譯之為汪先生）說這在數學上是不可能辦到的。但范氏不接受。後來這位汪先生在經濟學家中的聲譽卓著，因為他這一見解不但在數學上是正確的，就是在經濟學上也是正確的。據說這位汪先生後來成

爲著名的數學家。（注2）

接著可以談談奈特，他也是當時芝加哥大學的大牌教授之一，其所著的《風險、不確定與利潤》（*Risk, Uncertainity and Profit*）一書奠定現代廠商理論的基礎。他與范納輪流講授「價格與分配理論」。兩人固然都是傑出人物，但沒有兩人之相異會像他們兩人那樣的巨大。例如兩人雖然講授同樣一門課，但兩人講授的方式迥異，內容亦不相同。上面已提過范納講解說理都非常清楚，奈特則毫無系統，常常牽涉到一些哲學上的問題。很多學生都上過他兩人的課，露絲也是如此，以上就是依據她的回憶而寫成的。（注3）

他還講授經濟思想史，而斯蒂格勒是他的得意門生，是他所指導完成的兩篇博士論文的學生之一。他在1972年5月24日爲奈特逝世所開的追悼會中曾如此說：「他是一位可敬愛的、不可征服的、不可揣測的人物，但他強大的影響力不是來自他怪癖的個性與迷人的魔力。他的影響力之一個巨大來源，是他對於追求知識之用心的純眞。奈特所傳遞的對於眞理之毫無保留的追尋意識，是我望塵莫及的。他對權威之不斷的懷疑，也許對我們教導得過分了。但他之不願對任何權威屈服也不是沒有理性的，如果理性不讓他傲慢，他還是會謙遜以對的，特別是他與我們學生之間的關係是毫無屈從的成分。他至少會諦聽我們的建議，像是來自一位著名學者一樣。實際上，有時當他在期待我們不適當的意見時，對我們表示尊敬的態度會使我們感到非常不自在。」（注4）

　　露絲對於斯蒂格勒的這段話非常認同，因為她曾擔任奈特的研究助理兩年（1934-36），亦有這種親身體驗。（注5）

　　奈特與這少數幾位學生的關係雖然親密，但對於他的同事卻很少是和諧的。他第一個敵對的是道格拉斯。關於兩人敵對的情形，上章曾提到斯蒂格勒在他的回憶錄中曾有詳細的記載可以參閱。

　　奈特對范納也不很友善，例如上述那段關於范納所寫的論文犯了錯誤一事，奈特就將這篇文章與另一篇批評他錯誤的論文同時在他的課中分發，並要學生詳細閱讀。這篇批評的論文是由 Roy F. Harrod 所寫，題為「Doctrines of Imperfect Competition」，刊載於 *Quarterly Journal of Economics*, May 1934。（注6）

　　接著第三位可談沙門斯，他是奈特從愛和華（Iowa）州立學院帶到芝加哥大學任教的，也是他與道格拉斯發生爭論的一個問題。在1954年奈特要由系方給沙門斯以終身教授職，道格拉斯則堅決反對，甚至反對再予續聘。因為他認為沙氏除了寫了一冊《自由放任的積極綱領》（*A Positive Program for Laissez Faire*）外別無著作。（注7）這場紛爭最終以犧牲奈特另一位學生的機會而通過了沙門斯的續聘。（注8）自此以後，沙門斯也就勤於著述，連續寫了有關貨幣政策、工聯主義、反托拉斯政策等的重要論文，也出版了一本個人所得稅的書。後來且為法學院開了一門經濟學的課，非常叫座。他為此課所寫成的講義（注9）甚為人所讚賞。

這也許是他對芝加哥經濟學的發展比他出版其他著作的貢獻還要巨大，因而他也就獲得法學院與經濟學系開始合聘為終身教授職。

第四位要談談閔滋，他是貨幣理論的教授，是費利曼夫婦同上的另一門課。他倆認為閔滋在授課時不若范納那樣的精采，但他在貨幣理論上對他倆所發生的啓發功能，實質上並不遜於范納在價格理論上對他們所發生的啓發功能。與范納一樣，他也是著重基本概念的講解，並不著重制度的說明。也與范納一樣，他也指出一些不同觀點的讀物要學生自己研閱，其中包括凱恩斯於 1923 年出版的《貨幣改革論》(*A Tract on Monetary Reform*) 與 1930 年出版的兩大卷《貨幣論》(*A Treatise on Money*)。至於《就業、利息與貨幣的一般理論》(*The General Theory of Employment, Interest and Money*) 則尚未出版。（注 10）

二、創立一個學派的條件

以上是四位對費利曼夫婦影響最大的教授，但就那時整個芝加哥大學的經濟學系論，儘管其陣容甚為堅強，畢竟仍是一個混雜的組合，與其他著名大學的經濟學系之組成相差不多，不能構成一個獨立的學派。因為要構成一個獨立的學派，必須要有一群對於一些重大問題都有相當一致看法與見解的經濟學家，而這些看法與見解又有異於其他經濟學家所

持有的。不但如此，這些見解應該是有相當關聯的，至少能成為一套嚴整體系的一部分，不管是科學體系還是倫理體系。具體地說，一個經濟學派的形成至少必須有一套政策主張與一種研究方法。從這一觀點看來，當時的芝加哥大學經濟學系還沒有發展到此境界。

就以上述四位對費利曼影響最大的經濟學家論，各人的意見就並不相同。其中閔滋教授態度比較保守，除對中央銀行政策外，對於各種重大問題都很少表示意見。其他三人則各有主見。先以奈特與沙門斯論，兩者之間雖有師生關係，但對於重大問題則各有所偏持。例如奈特對於政治行為之道德的與學術的內容甚表懷疑，特別反對中央集權的經濟計畫。但他同時對於競爭經濟之倫理基礎亦加以嚴屬的批評，沒有一個私有企業的辯護者可以從他身上獲得任何力量的啟發。沙門斯則在他前述之《自由放任的積極綱領》中宣揚一種特殊方式的自由放任。他建議基礎工業如電話與鐵路等應歸國有，因為推行一些管制措施已告失敗。他極力主張以課徵累進所得稅的方式達到所得分配的平均，同時也主張一些產業措施如對廣告等加以嚴格管制。所以他這一綱領與私有企業的資本主義相符的程度自與社會主義相符的程度沒有多大差異。不過，對於貨幣政策他絕對主張依據規則操作，不能聽由主管當局恣意裁決。（注11）

再以奈特與范納論，兩人意見亦多相左。奈特強烈反對經濟數量化。范納則比較同情主張數量者的見解，雖然他也

懷疑他們能成功，至少在最近的將來。他之所以同情數量化
的研究工作，是由於他自己也有強烈追求實證的興趣，儘管
與他和道格拉斯及舒爾茲的友誼也有關係。在另一方面，奈
特所從事的純粹有關資本理論、風險、不穩定、社會成本等
等課題的研究，也沒有要從數量上加以驗證的必要。他們兩
人之所同的是都繼續堅持新古典價格理論的主要信條，並都
反對1930年代之經濟理論上的創新，如秦伯霖（Edward H.
Chamberlin）的壟斷性競爭以及凱恩斯的《就業、利息與貨
幣的一般理論》。這種理論上的立場也促成奈特對於羅斯福
所推行的「新政」與後期之凱恩斯的充分就業政策的反對。
至於范納則因在此期間常參與政府的諮詢工作，對新政的政
策則不若奈特與其門徒所持的那樣絕對的負面意見。不過，
他們兩人意見固有差別，但與經濟學家中一群支持新政者如
道格拉斯、舒爾茲以及有些制度學派的同仁對比起來，則差
異更為顯著。（注12）因此，正如范納曾說，他在芝加哥大
學任教時從未聽有芝加哥學派的存在。（注13）

三、芝加哥學派基礎的奠定

不過，儘管在1930年代還沒有芝加哥學派，但其種子則
已播下。這就是「在1930年代中期就已有一個非正式的但非
常有效的倡導芝加哥學派之觀點的活動，由一群與奈特意見
相近的學生及其門徒所促成。在這群中主要的份子是費利曼

夫婦、斯蒂格勒、華萊士、杜萊特與沙門斯。」（注14）其中華萊士是斯蒂格勒同班同學，杜萊特是露絲的長兄，當薩繆森在芝加哥大學攻讀時，杜氏是他的經濟學的啓蒙老師。到了1940年代中期就開始發芽，這是因爲密爾斯已於1940年退休，道格拉斯於1947年被選爲聯邦參議員，轉入政界；朗格也放棄學術生涯，回歸他的祖國從事社會主義的建設；1946年范納轉往普林斯敦大學任教，李蘭轉到西北大學（Northwest University）任教，而同年6月沙門斯突然因服用安眠藥過多而逝世。這樣整個經濟學系就只剩下奈特一位主將來重整陣容。他們先推薦斯蒂格勒來接范納的缺，但爲校方否決，後即改推費利曼接任。同時也推由杜萊特接替沙門斯在法學院的教職，推華萊士到商學院任教，這樣這群與奈特關係親密的學生就大都回到母校。後來華萊士由於有幹練的行政能力乃被聘爲商學院院長。這時他就如上章所述，利用院中正有一講座教授缺，將斯蒂格勒從哥倫比亞大學請回來與經濟學系合聘爲該一教職。這樣這群志同道合的人，聲勢就更爲壯大。於是一般都認爲奈特是芝加哥學派的創始人，而費利曼則爲它的學術領袖。

　　何以費利曼是它的學術領袖呢？最確切的解釋莫過於斯蒂格勒所提出的。因爲斯氏非但與費利曼相知甚深，而且其學術地位也與費氏相符，都曾獲諾貝爾獎。實際上，一般人提到芝加哥學派時往往就以這兩人爲代表。現由他提出的說明自然該是最公正、最眞切的了。（原來其中還有華萊士，

但他以卓越的行政才能，自任芝加哥大學商學院院長後，不久就轉任羅徹斯特（University of Rochester）大學校長，後來且任美國國務院副國務卿等職。所以就不再視他為芝加哥學派的一個代表人物了。）

上面已提到一個學派的形成至少必須有一套政策主張與一種研究方法，而在二者中又以前者更為重要。現在費利曼在研究方法方面於1953年就有「實證經濟學的方法論」（The Methodology of Positive Economics）的發表。同時斯蒂格勒認為費利曼到芝加哥後就展開了三大重要工作：第一，他使垂死的貨幣經濟學復活過來，他利用貨幣數量學說不但從事經濟行為的分析，而且做為攻擊凱恩斯學派的利器。第二，他為自由放任政策做堅強的辯護，提出很多重要且新穎的政策建議。第三，他將現代價格理論加以發揚，並運用重要制度與行為的分析。（注15）所以，斯蒂格勒認為芝加哥學派之形成與發展實起自費利曼之於1946年的回到母校執教。

這種說法的確是不錯的，自科威爾斯委員會離開芝加哥以後，芝加哥大學可以說就進入一個費利曼時代。他的專業活動逐漸步上頂峰，到了1950年代與1960年代出版了一系列關於貨幣、方法論、價格理論、消費函數等課題的論著，並對公共政策也提出各種建議。這些我們以後都會加以提到或介紹。同時，他對於芝加哥學派的觀點也提出一個明確的說明：

「在討論經濟政策時，『芝加哥』相信自由市場是一種

將資源組合起來的最有效率的方法，懷疑政府的措施，並重視貨幣數量是產生通貨膨脹的一個重要因素。在討論經濟科學時，『芝加哥』主張兩種處理方式：（一）嚴格地認為經濟理論是一種用來分析範圍非常廣博的具體問題的工具，不是一個雖然非常美麗但缺乏力量的抽象數學結構。（二）堅持《一般理論》的說詞必須經過實證的測試，反對只有事實而沒有理論，也反對只有理論而沒有事實。」（注16）這樣所謂芝加哥經濟學的特色自亦更為鮮明。

　　不過，現要說明的，不是整個芝加哥大學經濟學系的成員都屬於芝加哥學派的。費利曼曾如此說：「最近幾年來，（芝加哥大學）經濟學系常被視為是揭櫫自由市場經濟的一個堡壘。這種聲譽是有事實根據的，因為其中確有一些重要成員持這種見解，而且還能將之很有效率地表達出來。但他們始終是系中的少數。經濟學系的政策觀點是龐雜的，不是一致的。」（注17）所以，不能以芝加哥經濟學系等同於芝加哥學派。其次，所有屬於芝加哥學派的也不以芝加哥大學的成員為限，其成員散布於美國乃至其他各國的大學，尤其是以加州大學洛杉磯校區與維吉尼亞理工大學（Virginia Polytechnic and State University）為最多。所以，儘管芝加哥學派在芝加哥大學是少數派，就整個美國乃至世界論，其人數卻是不少，聲勢是相當宏大的。

注 1： *Two Lucky People*，pp.35-36。

注 2： 同上注書，p.36。

注 3： 同上注書，p.35。

注 4： 同上注書，pp.35-37。

注 5： 同上注書，p.37。

注 6： Melvin W. Reder, "Chicago Economics, Permanence and Change", *Journal of Political Economy*, March 1952, p.6。

注 7： George J. Stigler, *Memoirs of an Unregulated Economist*, Basic Books, Inc., New York, 1985, p.187。

注 8： 同上注書，p.189。

注 9： Henry C. Simons, *Simons' Syllabus*, George Mason University, Fairfax, VI, 1983。

注 10： 同注1書，p.38。

注 11： 同注7書，pp.148-149。

注 12： M. W. Reder, "Chicago School", *The New Palgrave*, vol.1, Macmillan, London, 1987, p.414。

注 13： 見其致 Don Patinkin 函，刊於其所著 *Essays on & in the Chicago Tradition*, Duke University Press, Durham, N. C. 1981, p.266。

注 14： 同注6文，pp.6-7。

注 15： 同注7書，p.15。

注 16： Miltton Friedman, "Schools of Chicago", *University of Chicago*

Magazine, Autumn, 1974, pp.11-16，轉譯自 Roger Blackhouse, *A History of Modern Economic Analysis*, Basil Blackwell, New York, 1985, p.303。

注 17 ：Miltton Friedman, "James Laurence Laughlin", *The New Palgrave*, vol. 3, Macmillan, London, 1987, p.140。

第六章

實證經濟學的方法論

　　費利曼於1953年將他於1940年代後期與1950年代初所發表的論文編印成一冊稱爲《實證經濟學論文集》（*Essays in Positive Economics*）的書，他於1951年能獲得美國經濟學會所頒贈之著名的克拉克獎章（J. B. Clark Medal），就是由於此書。這一獎章是該會贈予四十歲以下的最卓越的經濟學家，每兩年頒獎一人，他恰在此一年限之前一年得到。在這本書中，他就以一篇稱爲「實證經濟學的方法論」（The Methodology of Positive Economics）的論文作爲導論，這是費氏在經濟學方法論方面所發表的最重要的文章。本文就以此文爲主要的依據，再參考他在這方面的其他論文而寫成的。

一、實證經濟學與規範經濟學

　　他首先就引凱恩斯父親John Neville Keynes於1890年出版的名著《政治經濟學的範圍與方法》（*The Scope and Method of Political Economy*）中的話來說明經濟學的種類：一種是實證科學，「可定義爲一套討論『是什麼』（what is）的有系統的知識」；一種是規範的（normative）或者調節的（regulative）科學，可定義爲一套討論關於『應該是什麼』（what ought to be）之標準的有系統的知識，因此它所關心的是理想，不是實際；最後一種不是科學，而是技藝（art），是爲達成某一目的的一套規則體系。實證科學的目的是在求

規律的建立，規範科學的目的是在求理想的決定，經濟技藝的目的是在作方針的擬定。」（注1）在從事經濟學研討中必須分清所研究的是哪一部門，不可混淆不清。但在實際上，這種混淆不清的情形則非常普遍，以致成為許多傷害性之錯誤的來源。」（注2）因此，「認清政治經濟學是一種明晰的實證科學」是很重要的。（注3）

費利曼寫這篇論文的目的，主要是要討論將經濟學建立成為一種實證科學的一些方法論上的問題。他認為凱恩斯上面所說的這種混淆不清的情形現在也仍存在，為了澄清這種情形，他認為可先將實證經濟學與規範經濟學的關係，略加說明。

實證經濟學在原則上與任何特定的倫理立場或規範判斷是完全無關的。正如凱恩斯說，它是討論「是什麼」的問題，不涉及「應該是什麼」的問題。其目的就在對於事物之真相加以探究，提出一套對於情況變化所產生之後果能加以預測的理論。這套理論有無價值，可從其所預測的情況與實際發生的是否相符，加以評估。簡言之，實證經濟學是一種「客觀」的科學，與其他物理科學並無多大差異。當然，由於經濟學是研究人與人之間的互相關係，而研究者自己就是研究對象中的一部分，這樣自會使他在保持客觀性上增加許多困難。但這種情形並不足以表示這兩種科學之間有任何基本差異。（注4）

在另一方面，規範經濟學既要「研究應該是什麼」的問

題，同時，經濟技藝也要研究達成目的的規則體系，這就使它們都無法脫離實證經濟學而單獨存在。因為不論是實證經濟學還是規範經濟學及經濟技藝都會牽涉到經濟政策問題。實證經濟學所牽涉的是政策所能達成的是些什麼目的，以及這些目的如何達成。經濟技藝所涉及的政策問題也是如此。規範經濟學所涉及的是，這些政策所達成的目的是否良善。這些政策結論之產生必須來自實證經濟學的研究，如果沒有實證經濟學對於各種事象的研究提出其可能形成之結果的預測，規範經濟學家又如何能表示其對政策之良善與否的判斷？（注5）

　　由此可見，實證經濟學上所產生的結論似乎立即與規範經濟學上所要解釋的課題密切相關。接著費氏又說，他認為「目前在西方世界，特別是在美國，一般公正無私的公民對於經濟政策之所以有不同的意見，主要是來自對於所採措施所產生之經濟後果有不同的預測——一種在原則上可以經由實證經濟學的進步而消除的差異……，而不是在基本價值上有所差異，對於這種差異最後就只有陷於爭議。」在這裡，他舉出一個最低工資率的立法為例來說明。他認為這種立法之最後目的，都是希望能由而使工人都能得到足以維生的工資，這是大家都同意的，其間所差異的是在於這種辦法推行以後是否真能達到這一目的。他說：「贊成的人相信（預測）法定的最低工資率可以使原來低於最低工資的工人增加所得，並使有些人能收到較最低工資為多的工資，而不致引起

失業人數的增加，這樣就可減少貧窮。……反對的人則相信（預測）法定最低工資率會增加貧窮，因為它會增加失業的人數……，這種損失超過了原來就業者所受的利益。」（注6）

　　這些差異都不是道德性的，而是科學性的，在原則上都可通過實情分析加以解答。因此，費利曼說：「『正確』的經濟政策上的共識，決定於規範經濟學之進步的要遠少於實證經濟學的進步，提出一些結論能廣為人所接受，而且的確值得為人接受。」（注7）不過，他又說：「我這種關於經濟政策之主要差異的判斷本身當然也是一種『實證』的言詞，能否被接受，尚須決定於實際的證據。」（注8）

　　寫到這裡，我不妨可先提一下，這就是當他這篇方法論的文章發表以後，曾引起許多人的批評，他的夫人露絲也是其中之一。現在此將她對於費氏上述論斷的意見略加敘述。她說「對於這一問題，我的丈夫與我就一直意見不同，雖然我認為他已在朝著我的方向而轉移。我一直深深地感到從我對經濟學家的政治偏向的體認中就可預測他的實證的識見。我從沒有使自己相信政治偏向是實證識見的結果。我的丈夫仍一直在反對這種結論，這無疑是因為他自己不是這樣的，就不願承認其他的人的主張會與他不同。這是由於他寬於待人的性格所使然。」（注9）接著她表示她的丈夫又如何與她的意見日趨接近，她引出費利曼於1968年出版的一本稱為《美元與赤字》（*Dollars and Deficits*）的書中一段對於最低工

資率這同一議題所作的論述來證明。其中他是如此表示：
「要找到一位有聲譽的經濟學家 —— 不論他的政治立場是什
麼 —— 不同意法定的最低工資率會增加無專業技能的工人的
失業是很困難的。同時要他認為法定最低工資率所造成之其
他後果，會產生許多利益足以補償就業上所受的損失，差不
多也同樣的困難。」這樣他就下了一個結論，大多數的經濟
學家都對這一問題保持緘默，因為他們不願被人稱為「反動
派」與「無情者」。（注10）

費利曼對他夫人這點的批評是表示接受的，也承認他自
己是正在朝著她的方向改變中。（注11）但是，在我看來，
如僅以上列關於最低工資率的先後兩段結論，並不足以證明
費氏已與他夫人的意見相近了。因為他在1968年所做的評論
中是指「有聲譽的（reputable）的經濟學家」，而他夫人所說
的一段話中所指的顯然是一般普通的經濟學家。如果她指的
也是「有聲譽的經濟學家」，那麼，費氏的話顯然推翻了她
的論斷，因為從費氏的言詞中，有聲譽的經濟學家就是不會
因自己政治立場而改變經濟學上所獲的科學判斷的。

不過，費氏在這篇文章中接著就另舉關於黃金與美元的
價格問題的例證。他說：「大多數專門研究貨幣與國際貿易
的經濟學家都是主張放棄黃金的固定價格，而准許美元的價
格（也就是外匯率）有較多的變動。但是，許多經濟學家則
不願提出這種政策，因為他知道華府的官員會強烈地反對它
們，甚至更反對公開討論它們。結果他就另提求取國際收支

平衡問題的次佳方法。」（注12）這種經濟主張受到政治考量的情形，也許正是她夫人評語中所意指的狀況。同時，這也許就是費氏說他漸朝她的方向而變動的意態。

二、意識型態影響政策選擇

但是，他認為這種將經濟事務的判斷與政治考量混在一起的情形，還是造成一般對經濟學家意見紛歧以致無所適從的主要原因，是應設法避免的。他承認經濟學家的確發表不同的意見，但不是非常分歧。正如前文中所指出，經濟學家對經濟政策之歧見的產生，大部分是來自對於政策所產生之後果有不同的預測，並不是來自對於所產生之後果的良窳有不同的判斷。例如今天一般經濟學家所希望達成的都不外物價的相當穩定、就業水準的相當提高、國際貿易的最大自由。至於所得分配方面或有相當不同的意見，但就是對這一問題的歧見還是來自科學判斷的，不是價值判斷的。

費利曼曾如此說：「我反對我們現在的高度累進的所得稅，不是因為我贊成所得分配的不平均，或不主張所得分配的平均，而是因為我相信我們的稅是騙人的，虛幻的；將經濟地位相同的人做不同的處理，只會擴大所得的差距，不是縮小，以致形成極大群的才幹與創造力的浪費。許多經濟學家對於最後所得主張平均的程度比我高的也同意這一評估。」（注13）

不過，這不是說價值判斷不會影響經濟學家對於經濟事務的判斷，費利曼認為有兩種情況之下，個人的價值判斷就會影響政策的決定。一種是由於經濟現象的錯綜複雜，變化多端，這將對其所做成的科學判斷也帶來一些不確定的成分。在這種情形之下，一個人要從事政策上之選擇時就會受到他所持的意識型態的影響。例如費利曼就這樣說：「像我這樣一個視自由為人與人的關係上所需保有的主要目標的人，自然相信（這是一種科學的而不是價值的判斷）要保全自由就須限制政府的職能，而將信心置於私有財產、自由市場與自行安排各項事務——這樣一個人要解決其對任何措施所產生的影響的疑慮時，自會贊成一些依賴市場運作的政策。相反的，一個人認為福利或安全的保有是社會關係中之主要的目標，自會相信（這也是一種科學的而不是價值的判斷）這種目標的達成，最好是通過政府對私人活動的管制與調節——這樣一個人要解決其疑慮自會贊成一些依賴政府的政策。」（注 14）

另一種基本價值會參入政策之選擇的情形是，由於對政策所產生之後果所經歷的時間長短有不同的重視而引起的。這也就是說，在已知的同一科學判斷之下，政策所產生的有短期後果與長期後果之分。這時要選擇一種政策就要看決策者對於其所產生的這兩種後果以何者較為重要以為判斷。值得注意的是，這種對於後果之長短期的重要性的取捨，與對於政府職能之大小的偏愛有密切的關係。一般地說，凡是重

視自由、主張限制政府職能的人，都比較重視一項政策所發生的長期後果。如果不良，他必反對。反之，則贊成。同時，凡是重視福利、認為政府職能可以擴大的人，則比較著重政策所發生的短期後果。如果良善，他必贊成。反之，則反對。（注15）

除了以上兩種意識型態會影響政策選擇外，費利曼還指出有些認為是由意識型態不同而引起政策的差異，實際上是一種遁詞，用來掩飾其不願從事實情分析以達成科學判斷的繁瑣。這在與人發生爭辯時很容易出現，因為這時只要一提出兩人之所以發生爭辯，完全是由於各人所持之意識型態相異就不必再多追究了。這種態度顯然是反科學的。如上所示，人確有因意識型態不同而有不同的政策選擇，但我們不應一開始就如此認定，而應等將事實詳加分析後仍不能消除歧見時，再說這是由價值判斷之不同的關係，則對於理性共識之產生當有很大的幫助。（注16）

同時，他還認為即使是基本價值存有差異，則這種差異還是可以通過市場機能的發揮而消除。很顯然的，市場中交易之所以能夠成立，是由於雙方對於事物有不同的看法或評價，後來之所以能成交當然是由於雙方都感到對自己有利。所以，交易是將不同意見歸於一致的利器，大家就可由而求取共識。這通常都是指市場中所交換的是貨品。但這種共識之取得也可以指觀念與思想，這種觀念也可像貨品那樣通過市場的溝通而得到共識。所以，費利曼認為市場的任務就是

在於意識型態的形成。這就是他畢生堅持自由市場之理念的基本原因。（注17）

三、科學的任務在預測變動

從以上的說明中，我們當可知道費利曼特別強調實證經濟學的任務，就在提出一套理論能對未經覺察的事象加以正確的預測。他認為一種理論所提出之假設都不可能完全合乎事實，因為社會的事實變化很快，不會停留下來讓科學家去描述。科學的任務也不是將「實際的世界」加以複述，而是在對其未來的發展加以預測。重要的是，這種預測是否與實情的發展相符合，只要符合了，這就表示這種理論是正確的，是有用的，是有價值的。所以理論是從客觀的實際中抽出的，又能從客觀的實際中得到證明。經濟學家所要努力的就是要不斷提出這樣一些理論，等到其數量相當充分時，則當前所面臨的一些政策上的主要問題也就可以得到解答，這樣經濟學家的貢獻就大了。

正由於費利曼對於經濟學理論有此體識，他認為秦伯霖與羅賓森（Joan Robinson）對於馬夏爾理論加以批評，認為它的假設不合實情，是不對的。「相關的問題不是一種理論所用的一些『假設』是否確是『真實的』，因為它們永遠不可能是真實的，而是它們是否與我要處理的問題充分接近。這一問題則只有通過這一理論是否可以解答我們的問題而得

到答案，也就是說這一理論是否有足夠的預測能力。」（注18）馬氏所要做的是從實情瞭解中提出一種分析的工具，對其發展加以預測，不是將實情加以複製。他們兩人在馬氏所提的競爭與壟斷之外，另提一介於其中的壟斷性競爭或不完全競爭的理論予以補救。但費利曼認爲他們並沒有成功，因爲他們沒有對馬夏爾所謂的產業（industry）所面臨的問題加以處理。這是他們的理論中最明顯的缺陷。我們知道，馬氏之所謂產業是將所有生產相同貨品的廠商（firm）集合起來的一個集體。如果像秦伯霖那麼堅持產品之相異性的重要，那麼各個製造大致相同但亦時有差異之產品的廠商，又如何能聯合成爲產業？處在這種情形之下，那麼，是不是每一廠商都是一種產業？由於壟斷性競爭理論提不出對於產業加以分析的工具，對其所面臨的許多問題就不能予以處理。（注19）

因此，費利曼在該篇論文的結論中就再強調，「經濟學做爲一種實證科學是一套關於經濟現象之暫時可以接受的概括說明，這套概括說明是可用來預測情況變化後的結果。」（注20）「這樣一種理論自不能通過以其『假設』直接與『實況』之是否相符來測驗的。的確，沒有一種有意義的方法可以完成這種測驗。完全的『實況主義』（realism）顯然是辦不到的，至於一種理論之是否『足夠』眞實性的問題，則只有看其所提出之預測是否能處理所要處理的問題，或者要比其他不同理論所提出的預測較好。」（注21）

不待言，「任何的理論必定是暫時性的，會隨知識的進步而改變。」以目前情形論，費利曼認爲只有價格理論與靜態的貨幣理論已發展到相當成熟的階段。最脆弱的，他認爲是動態的貨幣理論（monetary dynamics）——一種研究整個經濟社會對於情況變動以及總合活動的短期波動所取得調適過程的理論。（注22）這些都有待於經濟學家的努力，但是「實證經濟學」的進步將不但需對現存的假說加以測驗，而且還須創造一些新的假說，（注23）這就有賴於經濟學家的智慧了。

以上是費利曼對實證經濟學方法論的要旨。前曾提到他這種說法引起了不少批評與爭議。最主要的是許多人認爲，他揭櫫的這種簡單的預測性的假說，只能應用於經濟學中那些已經成功的部門，如他提到的相對價格理論與靜態貨幣學。若要將之應用到整個國家或整個世界經濟之複雜的變化過程的分析，就無能爲力了。因此，主張運用一般均衡模型的與著重採取演繹的推理法的人士，都對他的方法論不能苟同。

注1： J. N. Keynes, *The Scope and Method of Political Economy*, 4th edition, Kelley & Millman, Inc., New York, 1955, pp.34-35 。

注2： 同上注書，p.35 。

注 3 ：　同上注書，p.46。

注 4 ：　Milton Friedman, *Essays in Positive Economics*, University of Chicago Press, Chicago, 1953, pp.4-5。

注 5 ：　同上注書，p.5。

注 6 ：　同上注書，pp.5-6。

注 7 ：　同上注書，p.6。

注 8 ：　同上注。

注 9 ：　*Two Lucky People*, pp.217-218。

注 10 ：　同上注書，p.218。

注 11 ：　同上注書，p.219。

注 12 ：　Milton Friedman, *Dollars and Deficits*, Prentice Hall, Inc., Englewood Cliffs, New Jersey, 1968, p.2。

注 13 ：　同上注書，pp.5-6。

注 14 ：　同上注書，p.7。

注 15 ：　同上注書，pp.7-8。

注 16 ：　Milton Friedman, "Value Judgments In Economics," in Kurt R.Luebe, ed. *The Essence of Friedman*, Hoover Institution Press, Stanford, CA, 1987, pp.4-5。

注 17 ：　同上註書，pp.5-6。

注 18 ：　同注 4 書，p.15。

注 19 ：　同上注書，pp.38-39。

注 20 ：　同上注書，p.39。

注 21 ：　同上注書，p.41。

注 22 ： 同上注書，pp.41-42 。

注 23 ： 同上注書，p.42 。

第七章　消費函數的理論

在凱恩斯理論體系中，一個主要的概念是說明所得與消費之間的關係的消費函數。他認為所得的增加是會引起消費的增加，但後者之增加則不若前者之大。他說這已是現代社會中一條基本的心理定律（a fundamental psychological law）。「當實質所得增加時，消費不能以相等的絕對數量而增加，因此，必定有一較大的數量儲蓄下來，除非同時有其他力量發生了大量的反常的變動。」（注1）他將這種消費隨所得之增加而增加的情況稱為消費傾向（propensity to consume）。因此，在某一定量的所得中平均每元所消費的數量就稱之為平均消費傾向（average propensity to consume），而每增加一元之所得所增加的消費就稱之為邊際消費傾向（marginal propensity to consume）。他認為這種消費傾向是隨所得增加而遞減的，而邊際消費傾向則小於平均消費傾向。總之，消費是隨所得的變化而變化，這就是消費函數（consumption function）的意義。

一、凱恩斯的與費利曼的消費理論

邊際消費傾向的大小就決定了乘數（multiplier），邊際消費傾向大，乘數就大，反之亦然。乘數是凱恩斯理論體系中的另一主要的概念，它能告訴我們一筆支出，如投資或政府赤字支出（deficit spending），對全部所得能引起之增加的數量。這一數量就是原來的新的支出乘以這個數字，所以稱之

為乘數。實際上，所增加的所得就是原來之支出的倍數。（注2）有了這一概念後，政府自可不加稅而從事更多支出了，因為這種支出效果太大了，不但所有由此產生的赤字可以從日後產生的所得中予以抵償，而且還有餘剩，成為一般國民所得的增加。既然如此，當經濟不景氣時政府更應推行這種赤字支出政策了。

　　凱恩斯的這種認為邊際消費傾向隨所得之增加而遞減的見解，就成為美國韓森（Alvin H. Hansen）教授在1930年代後期所提出之長期停滯（secular stagnation）理論的一個重要依據。（注3）他說：「消費函數的提出是對經濟分析工具的一個劃時代的貢獻，正如馬夏爾之需要函數的發現一樣，甚至比馬氏這一貢獻更為重大。」（注4）他認為美國已成為一個富有的國家，它的邊際儲蓄傾向已經提高，而投資機會則已發掘殆盡，結果美國就會陷於長期停滯的困境，除非政府能利用赤字財政，增加支出來加以挽救。（注5）

　　在這種情形之下，費利曼認為這是可以理解何以消費函數成為一個大量實證分析的主題。正如他在其所著的《消費函數的一種理論》（*A Theory of the Consumption Function*）一書的第一章中所述：「理論的興起激起實證的工作。歷來對於消費函數之數量的估計來自兩種資料：第一是關於消費、儲蓄、所得、物價，以及各種同樣變數的時間數列（time series），自第一次世界大戰以後這段期間差不多每年都有這類資料；第二是關於個人與家庭對於消費、儲蓄與所得的預

106

算資料，則在過去一個半世紀許多抽樣調查中都有這類資料。看了這兩種資料以後似乎都可以證實凱恩斯的假設。現時的消費支出是與所得高度相關，邊際消費傾向是小於 1。同時，邊際消費傾向是小於邊際儲蓄傾向。因此儲蓄在所得中所占的百分率是隨所得增加而增加。但是，一種在證據上嚴重的矛盾卻出現了。顧志耐對美國之儲蓄在所得中所占百分率的估計，自 1899 年以後的半個世紀中就沒有增加，儘管在此期間實質所得曾有大量增加。根據他的估計，儲蓄在所得中所占的百分率在整個時期中差不多都沒有變化，與它相對的消費支出在所得中所占的比率——它的不變就表示邊際消費傾向與平均消費傾向都相等——則比時間數列或預算資料中所算出的邊際傾向都要高得多。若將較早時間的預算資料加以研究，則更加強了這種矛盾的現象。在大不相同的年月中，平均消費傾向大致上是相同的，儘管在平均實質所得上是有巨大的差異。但是，將每套預算資料加以分別研究時，則其所顯示的邊際消費傾向顯然低於平均消費傾向。最後儲蓄比率在第二次世界大戰以後的時期，則大大地低於在兩次大戰期間以同樣方法所算出的所得與儲蓄之間的比率。這種經驗就明顯地呈現出將消費函數視為消費或儲蓄僅是與現時所得之間的關係之不適當。」（注6）

對於這種反常現象，費利曼夫人與她的摯友白萊汀（Dorothy Brady）夫人提出了一種解釋，認為「一個消費單位的消費不是決定於它的絕對所得，而是決定於這一消費單

位（例如一個家庭）在社會所得分配中所占的地位。」（注7）根據這種相對所得的假設，平均消費傾向是不會隨著社會經濟的發展而減少的。個人是會隨著自己的財富增加而增加儲蓄，但這不是說整個社會也會如此。隨著經濟社會發展，在每一財富階層的個人都會比過去在這一階層中的人儲蓄得少。

同時，費利曼也感到他過去為社會中之專業人士的所得所作的研究也許對於消費函數問題可以提出一個一般性的假說，這個研究就是他在1941年完成而在1945年出版的與顧志耐合著的《獨立專業工作的所得》，因而他就想對這一問題作一詳細研究，結果乃有上述之《消費函數的一種理論》一書的出版。這本書之所以能出版，其夫人與白萊汀夫人的貢獻實非淺鮮。正如他在該書的序文中所說，「這本書所提出的消費函數的理論是經過多年的醞釀。在這一時期中，我已不從事關於消費的實證工作。的確，在這本書之前，我在1935-37年間曾從事消費者的購買的研究設計工作。自此以後就沒有在這方面完成任何研究工作。儘管如此，由於我太太與我們共同的朋友白萊汀對這一課題都有興趣，我也就對消費的實證研究保持密切的接觸。白萊汀夫人從家庭預算資料中所獲得的關於實情證據的無可匹比的知識，貫穿於她們之卓越的解釋，以及對於她們的分析所牽涉之科學問題的深切瞭解，曾引起一系列關於消費資料之解釋的交談。後來李德小姐（Margaret Reid）也參與這場討論，結果就有這本書

的寫成，我雖然執筆撰寫，自應對其中所有的缺點負責，但基本上這是一件集體的產物。」（注8）

無可置疑的，在這三位中對他幫助最大的是他的夫人，他在《回憶錄》中就曾如此描寫：在他們座落在新罕布夏州牛津城（Oxford, New Hampshire）的暑期寓所中，「我記得曾在許多愉快的夏季晚上，面對以巨型石塊砌成的壁爐中所散射出的熊熊火光前，討論消費資料與理論。」（注9）

他從過去所研究的專業人士的所得中，引用過來的是對於「實際所得中所包含的成份」這一概念。他在專業研究中，將個人實際所得的成份分為三種：恆常的（permanent），準暫時的（quasi transitory）與暫時的（transitory）。現在從事消費理論研究則將之簡化為兩種：恆常的與暫時的。他所謂的恆常所得是指「常時的」（usual）或「正常的」（normal）所得，也就是指一個人從其人力的與非人力的資本中，希望獲得的所得流量的現在價值。所謂暫時的是指一時的或意外的所得，或者負所得（損失）。由而他就提出關於消費函數的另一種理論：人們在消費方面的支出是決定於他們的恆常所得，不受其暫時的變動影響。如果在任何時期中，一個人的所得增加到超過他的恆常所得，或減少到不及他的恆常所得，那麼這些增加或減少都是暫時的。由於所有消費都與恆常所得密切相關，任何暫時的增加主要地都會成為儲蓄，不會用來消費；而任何暫時的減少就會利用過去的儲蓄來維持其消費於經常的水準。因此，所得較高者，由於

其所得中有些是暫時的，就會比所得低者多儲蓄一點，由於後者的所得中有一部分是暫時的負所得（損失）。不過，兩者的消費都保持於他們經常的水準，這也就是說他們的消費都是決定於他們的恆常所得。費利曼稱他這種理論為「恆常所得的假說」（Permanent Income Hypothesis）。

二、恆常所得的假說

現在如要將這種理論加以具體地說明，這就正如費氏所說，「人們每日或每週或每年要消費多少，不是決定於他們每日或每週或每年的所得，而是要看在較長期間他所希望用來支出的數量。同樣的，人們每日或每週或每年所享受的消費性的勞務的產量，並不決定於他們每日或每週或每年所支出的數量，而要看他們所積聚的貨品（諸如自有的住所、汽車、冰箱等等）所能提供的勞務。（注10）他進而利用家庭預算與時間數列的資料加以測試，結果證實了這種理論。

先以家庭預算資料論，它們都是將消費單位在某一時期中之平均消費支出按照其在同一時期之實際所得來計算，這也就是說將恆常所得與暫時所得都合併在一起來計算。以屬於所得最低層級的消費單位論，他們的消費支出自必有一些不能為實際所得所局限，因為這樣他們將難以維生。換言之，他們必會以恆常所得為依據而生活下去。結果他們平均消費就會超過實際所得，這樣這一層級的儲蓄就會非常少，

甚至是一負數。同樣的,屬於所得最高層級的消費單位,由於他們的實際所得非常多,他們的平均消費就會低於實際所得,他們的儲蓄就會非常的多。

以上這種情形就可以解釋何以在所得多寡來劃分消費單位的預算資料中,總是呈現出消費是隨所得增加而增加,但增加的比例不若所得增加的大,這也就是凱恩斯所謂的邊際消費傾向是小於1,而且必小於平均儲蓄傾向。

再以時間數列的資料論,其在對國民所得與消費的計算中,這些個別消費單位的暫時性所得或負所得就被相互抵消掉了。雖然這些暫時性的成分對於整個經濟社會仍會發生影響,但這種影響在一年一年的時間數列中所發生的,總要比其對個別消費單位在單獨一年中所發生的小很多。因此,時間數列的資料計算比較接近恆常消費與恆常所得之關係的計算。由而所獲的結果是,美國的實質所得儘管長期在增加,但其儲蓄在所得中所占的比率幾乎都沒有變。在長期間,國民消費在國民所得中所占的百分率幾乎都一樣。(注11)

這就是費利曼之消費理論的大要。雖然有人批評他的模型完全忽視利率與金融財富對消費的影響,以及儲蓄與財富的關係,但他認為他這種理論已通過了實證經濟學的測試,是一種具有預測力量的簡單模型而感到非常滿意。他說:「1957年出版的《消費函數的一種理論》是我在曾寫出的著作中,更接近堅守我在方法論一文中所提出之原則而寫成的,這是我之所以長期以來一直認為,它是我在純粹科學上

之最佳貢獻的一個理由，雖然不是唯一的理由，也不是最有影響力的。」（注12）同時，他還提出這不僅是他個人的看法，而且還引證英國學者華特斯（Alan Walters）也有同感。華特斯曾如此說：「……以一位知識份子的成就論，……費利曼的同輩人士大多數恐怕仍會認爲他的消費函數的著作是他對經濟學之最大的貢獻，……一個人讀過《消費函數的一種理論》以後，不會感到沒有什麼可以再說了，而會感到將來如有什麼發現一定都會符合這一嚴整的圓滿的架構，這一構築能夠融合而且現在確已能形成並吸收所有新的貢獻。」（注13）

三、消費的生命循環理論

現在就可舉一例證說明這種情形。在1963年安杜（Albert Ando）與莫迪里安尼（Franco Modigliani）提出了一種消費的生命循環理論（Life Cycle Theory of Consumption），認爲一個人的消費行爲是以其一生所能賺得的所得做爲決定的根據，也表示這種行爲與消費之現時所得的關係並不如凱恩斯所說的那樣密切。（注14）莫迪里安尼後來於1985年因而獲得諾貝爾獎。

照以上之所述，儲蓄不論在長期或短期，都不會如凱恩斯之所想像的會對社會造成傷害。相對的，它不會如凱氏所想像的那樣，隨經濟社會之愈趨成熟而愈增。凱恩斯所提出

的消費不足論，認為經濟衰退是由於經濟發展過程中消費不足所引起的這種看法是錯誤的。從經濟的觀點看來，沒有理由採取高賦稅的方法將大量所得或遺產徵收過來以減少儲蓄的。不但如此，在短期間，凱恩斯之所以要政府從事赤字支出，是因為在經濟不景氣時，消費乃隨所得之減少而遞減。實際上，消費的減少要小於所得的減少，因為個人的消費是以較高的恆常所得為依據，不是以較低的暫時所得為張本。因此，在經濟衰退時，政府是沒有理由增加赤字支出的。

費利曼在《消費函數的一種理論》之最後一章，強調該書所提出之事據的重要性。在凱恩斯分析中所產生的一個主要理論上的成果是，「否認自由企業經濟社會之長期均衡的位置必定是在充分就業時。」（注15）在凱恩斯看來，自由的私有財產的資本主義是天生不穩定的，或者不能達到生產最多階段，因為隨著資本主義社會到達成熟時，儲蓄就會過多。費利曼則在學術上為自由的私有財產的資本主義提出了一種堅強的辯護。

在費利曼生命的最後一年（2006），他曾這樣寫道：「《消費函數的一種理論》已屬於經濟思想史上的一部著作，……它的主要元素現已成為經濟學家的傳統智慧。最重要的是每個人都接受稍有不同且略加修改的恆常所得假說。這一名詞已成為經濟學家習俗的名詞；『恆常的』與『暫時的』都是其詞彙中的一些字眼。」至於凱恩斯所認為的隨著經濟成熟、投資機會減少以致形成儲蓄長期過多，而會引起長期

停滯，這一命題之是否正確，費利曼則說在這種情形之下，「最後的結果僅是利率的不同（減低），不是失業。」（注16）

　　以上是費利曼對消費函數所提出的一種理論的要義，後來他且還利用這一理論來說明對貨幣之需要的穩定性，自可以看出其所能用來解釋經濟事象的廣泛了。

注1： J. M. Keynes, *The General Theory of Employment, Interest, and Money*, Harcourt, Brace and Company, New York，1936，此書嗣後簡稱《一般理論》，P.7。

注2： 同上注書，p.115。

注3： Alvin H. Hansen, "Economic Progress and Declining Population Growth", *American Economic Review*, March 1939, p.4。

注4： Alvin H. Hansen, *A Guide to Keynes*, McGraw–Hill, New York, 1953, p.72。

注5： 可參考拙著《現代經濟思潮》，華泰文化事業公司，2000年出版，第十二章。

注6： Milton Friedman, *A Theory of the Consumption Function*, Princeton University Press, Princeton, N. J. 1957, pp.3-4，此書嗣後簡稱 Consumption Function。

注7： Dorothy Brady and Rose D. Friedman, "Savings and the Income Distribution", *Studies in Income and Wealth*, National Bureau of

Economic Research, New York, 1947, pp.247-265，此處譯自 Milton and Rose D. Friedman, *Two Lucky People*, p.224。

注8： *Consumption Function*, p.IX。

注9： *Two Lucky People*, p.165。

注10： 同上注書，p.225。

注11： 同上注書，pp.225-226。

注12： 同上注書，p.222。

注13： Alan Walters "Friedman, Milton" in *The New Palgrave*, vol.2, Macmillan, London, 1987, p.426。

注14： Albert Ando and Franco Modigliani, "The Life Cycle Hypothesis of Saving: Aggregate Implications and Tests", *The American Economic Review*, March 1963, pp.55-84。

注15： 同注6書，p.237。

注16： Lanny Ebenstein, *Milton Friedman, a Biography*, Palgrave Macmillan, New York, 2007, p.103。

第八章

自由浮動匯率論

在1950年，費利曼曾擔任美國經濟合作總署主管歐洲金融與貿易部門的顧問，寫了一篇稱為「支持機動匯率之主張」（The Case for Flexible Exchange Rate）的論文，建議採行此制以利基本經濟目的的達成。他認為這一目的就是，「一個從事無限制的多邊貿易之自由與繁榮世界社會的達成與維持。」（注1）我們知道，當時世界各國都在推行一種可調整的固定匯率制（adjustable peg system）。

一、布列登森林體制的建立

這個制度是經由1944年在美國新罕布夏州的布列登森林召開的世界經濟會議通過而設立，號稱為「布列登森林體制」（Bretton Woods System），其主旨是在要求參與的各國政府將其貨幣之外匯率釘住一個比率，而後各國都以此為基礎從事國際貿易，決定各國的國際收支，但此一匯率可由各國自行在10%的範圍內自由調整。如超過此一範圍，則須經主持此項事務的國際貨幣基金（IMF）核准。所以稱為可調整的固定匯率制。

費利曼認為，「不論此種制度也許在另一時日可達成怎樣的功績，它卻不適用於目前的經濟與政治狀況。這些狀況已使一套機動（flexible）或浮動（floating）匯率──一套在公開市場基本上由私人交易自由決定的匯率，同時亦像其他價格一樣可以每日變動的匯率──成為達成上述經濟目的所

絕對切需的，很少有默然接受固定匯率制的國際經濟政策不會製造出嚴重的與不必要的困難的。」（注2）何以會如此呢？這主要就是由於在此制之下，匯率不能適時變動以解除國際收支上的困難。儘管在布列登森林體制中，匯率已有10%自由調整的幅度，但仍不足以解決上述之困難。

　　我們知道，各國的國際貿易與國際收支是會受一些變化之影響的，有的變化是實質的，如氣候、生產技術、消費者的喜愛等等，有些則爲貨幣狀況，例如通貨膨脹或通貨緊縮程度的不同。這些變化對於各物的影響不同，因而就會引起各物之相對價格結構的變化，結果也就會影響國際收支。例如，假若一國之外幣持有者想要將之換成另一國的貨幣，以便購買該國的物品，這時對於該國貨幣的需要數量之多寡，首先就要看該國貨幣的價格，這也就是它的外匯率——換取該國貨幣一個單位所需支付的外幣數量。假定其他條件不變，一國貨幣的價格上漲，也就是它的外匯率增加，對於它的需要量就會減少，反之亦然。現在若仍推行布列登森林體制，情況將如何發展呢？費利曼就舉英國與美國爲例來說明：（注3）

　　當時每1英鎊如以美元來表示爲2.80美元，但美國政府已得IMF同意可在此價上下略加變動，此一範圍爲2.82美元與2.78美元之間。要維持兩國間這一匯率只有兩種方法：（1）美國願以此價出售所有需要的英鎊，以使其不漲，這也就是願意購買所有出售的美元；（2）英國則願以此價購買

所有出售的英鎊，以使其不跌，這也就是以此價出售所有需要的美元。兩國又如何能辦到呢？

假定在每英鎊為 2.82 美元的價格之下，想要購買英鎊的人超過想要以英鎊換美元的人的數量，這也就是美國的國際收支可能會發生虧絀（赤字）。這時美國又如何能維持此價呢？這在基本上只有兩種方法：（1）提供更多的英鎊，這不是從自己原來持有之英鎊準備中提出，就是向他人商借。（2）誘導或強制國人改變他們所需的英鎊數量。至於英國則採相反的措施。

如運用現在通行的名詞，其間發生了兩個問題，一為流動性問題（liquidity problem）——有足夠的外匯準備以應目前需要嗎？另一為調節問題（adjustment problem）——如何使外匯的需要與供給保持平衡？先就流動性問題來說，這可將英美兩國的任務顛倒過來，讓英國無限度地出售其英鎊，使其價格不致上漲到超過 2.82 美元以上，讓美國無限度地購買英鎊，使其價格不致下跌到 2.78 美元以下，兩國自然都能辦到。英國可以發行英鎊，美國可以發行美元，所以兩國要完成上項任務是不成問題的。不過，這樣做了以後，實際上每個國家都給對方以一張空白支票，可任其購買本國同值的貨物。如果英鎊的價格趨於上漲，英國就會累積一大堆美元，這也就是表示一大批與此數同值的貨物會運往美國，這無異給美國一筆無息的貸款。顯然沒有一國會願意這樣無限度地做下去。

　　解決流動性問題另一種方法，就是上述的從原已建立的外匯準備中提供。但是這種外匯準備是有一定限度的，沒有一國會願意無限量保留外國貨幣，這太無意義了。因此，外匯準備顯然不能解決問題。這就必須有些調節機制（adjustment mechanism）。那麼有些什麼機制可以運用呢？

　　一種是標準的金本位機制，這就是變動國內的貨幣所得與物價，中央銀行可以刻意地發揮過去金本位制的自動調節機能，為了改變美國國際收支的赤字，它可以減少貨幣的數量，或減少其增加率，使一般的所得與物價減低。這樣自會減少對於外匯的需要並增加它的價格。但是這種辦法是不可行的，因為國內物價一般都有強烈的僵固性，很不容易調整，尤其是工資，更何況今天各國都以達成充分就業為主要的政策目標。（注4）

　　另一種調節機制就是對外匯與貿易加以直接或間接的管制，這是一種最拙劣而無效的措施，完全違背多邊自由貿易的原則，最後必告失敗。（注5）

　　經過以上分析之後，我們當可體悟，實際上只有一種美滿的解決方式，這就是廢除政府訂定價格行為，讓匯率成為自由市場的價格，由私人在從事貿易中決定其高低。簡單地說，就是施行自由浮動匯率制。

二、自由浮動匯率制的推行

　　現假定在這種制度之下，每 1 英鎊的價格為 2.80 美元。這時人們想要購買的英鎊超過了有英鎊出售的數量，這就使英鎊的價格（匯率）上漲，英鎊的價格既然上漲了，就會減少購買者的購買意願，因為這就表示要購買的英國貨品的價格上漲了。同時，在另一方面，有英鎊出售的人就會增強其出售的願望，因為這時英鎊可以多購美國貨品了。現在假定英鎊的價格漲為 3.08 美元之時，則願意提供的美元與需要美元的數量應相等，這種英鎊價格上漲 10% 的現象就對於英美兩國的相對成本都會發生同樣影響。如果英國貨品的價格不變，那麼無異是美國貨品的價格下跌了 10%。反之，如果美國貨品的價格不變，則無異是英國貨品的價格上漲了 10%。由此可見，只要外匯一種價格的變動，就可以使所有其他貨品的價格都發生變動，這顯然要比對於貨物價格分別加以變動要簡單多了。

　　從上例中，我們就可看出只要匯率可以變動，國際收支就不會發生盈餘或虧絀的現象。國際收支的不均衡問題根本就不會發生。既然如此，自無上述的流動性問題與調節問題了。不但如此，浮動匯率之最重要的貢獻是可以讓各國所要推行的貨幣政策與財政政策都可以完全運用於國內經濟穩定的達成，而不必為國際收支問題而分心。（注6）

　　因此，費利曼認為，「在這種制度推行之下，可以使國

際合作達到最大的程度，各國都可獨立推行其國內貨幣政策，而毋須外匯管制、輸出入限額，或其他阻礙貿易的措施。」（注7）當費利曼提出要推行這種制度之主張時，是完全違背當時的傳統智慧的，雖然亦有少數學人表示相同的意見，但當時還是布列登森林體制推行的初期，一般對它寄以厚望，深盼能通過國際合作達成其所肩負的任務。結果是這種體制終於推行了二十年之久。其所以能夠如此，費氏認為是由於「美國採行輕微的非通貨膨脹政策，並對資本流動與各國推行的外匯管制採取消極的隱忍態度才能做到。」（注8）

到了1971年8月15日，由於美國總統尼克森在宣布經濟措施中提出不再承諾以35美元出售一盎司黃金，這樣以美元為關鍵貨幣（key money）或準備貨幣（reserve money）的布列登森林體制終告崩潰。從此以後，美國就推行自由浮動匯率制。談到這裡，我要引費氏與其夫人所作的《回憶錄》中的一段話來說明他對此事的感想：他說他曾於1971年之前後參加了兩次世界各國銀行家的集會，一次是於1969年在哥本哈根（Copenhagen）召開的，另一次是於1972年在蒙特婁（Montreal）召開的。兩次他都與IMF的執行董事同坐在台上，但不是同一人。在第一次會談時，那位執行董事「反對我的浮動匯率的建議，認為完全不切實際，是一個不懂實際情況的學術界人士的空想的推理。在第二次，他的繼任人則謂浮動匯率是唯一實際可行的制度，固定匯率制被最近的經

驗完全否定了。」

從這段插曲中，他感到兩點：「第一、像我這樣的經濟學家如何能發生影響。我一直相信我們不能對事態的發展發生任何影響，如果我們想說服人們一種我們認爲是正確的建議，而他們則認爲是激烈的。我們可以發生影響，如果我們能將意見提出來，使其於危機發生而須有所措施時成爲一種選擇。這一危機就在1971年發生。如果浮動匯率這一選擇沒有經過我與其他著名經濟學家如杜賓（James Tobin）、哈伯勒（Gottfried Von Haberler）等等在學術論文中充分研究，這一危機將會採何種解決方案是不可知的。也許對資本與外匯更加強管制甚至都可能。正如事實之所示，機動匯率就對當時的制度提供了一個明顯的替代。

第二是關於官僚組織之堅不可毀性的體識。IMF在布列登森林會議中之所以設立，是爲了要監督一套固定匯率制的推行。……當固定匯率制崩潰時，它已喪失了功能，應該被取消。但它當然沒有被取消，反而成爲一間小型世界銀行從事貸款，並對發生國際收支以及其他問題的國家提供建議。在我看來它從事這些活動已造成很多傷害，但它卻沒有停止擴大規模，並獲得更多的聲望。」（注9）

布列登森林體制儘管已經崩潰，但固定匯率制仍沒有喪失其吸引力。所以許多國家只願採行混濁的（dirty）或管理的（managed）浮動匯率制，表示政府仍要做適時的干預。歐洲經濟社會（European Economic Community，簡稱EEC）

甚至在其會員國之間仍保持固定匯率制，先在1972-79年間推行一種像蛇之爬行那樣的所謂爬行的釘住制（gliding crawling peg），後則建立歐洲貨幣體系（European Monetary System，簡稱EMS）成為一個貨幣集團，使其內部的匯率能保持穩定而一致對外從事浮動。

這種制度之所以能維持一個階段，是由於德國願像美國在布列登森林體制時那樣扮演同一任務，後來德國由於要從事東西德之統一，為支持東德產業乃採行擴張性的財政政策，於是通貨膨脹增強了。這時其中央銀行就提高利率以減少國內需要來達成國內經濟安定，但其他國家則不願隨之提高利率。既然如此，就引起大量的資本流動，結果原訂的匯率自無法維持，EMS也隨之於1992年結束。這時EEC已決定成立歐洲聯盟（歐盟，European Union，簡稱EU），而要從事建立一個統一貨幣。

三、釘住匯率與統一貨幣

說到這裡，費利曼認為一般都對「釘住」匯率與統一貨幣（unified currency）混淆不清，有加以澄清的必要。（注10）所有以上釘住的匯率制度都牽涉到各國需承諾保證採取適當貨幣政策，將各自的貨幣與其他各國之貨幣保持固定的匯率，各國都保留自己的中央銀行處理此項任務。至於統一貨幣則為一區域內一致使用的貨幣，如美元之於美國五十州

以及巴拿馬，英鎊之於英格蘭、蘇格蘭及威爾斯，早期還包括愛爾蘭。再如於 2002 年發行之歐元（euro）在歐盟中參加的十三個會員國內統一流通等等。

至於香港的情形則稍複雜，在 1972 年以前港幣與英鎊相結合，由其貨幣局（Currency Board）隨時能以港幣以固定兌換率換成英鎊，反之亦然。這就與英鎊成為統一貨幣。自 1983 年後，則改與美元結合，也由其貨幣局以 7.8 港幣換 1 美元的交換率隨時進行。這就與美元成為統一貨幣，正如紐約的 1 美元與舊金山的 1 美元一樣，流通無阻。這種情形一直維持到今天，其間雖然 1997 年有香港回歸中國之舉，但為推行一國兩制，這種香港原有的金融體制仍照常實施。

同樣的，在第一次世界大戰以前的金本位時代，英鎊、美元、法郎、馬克都是同一物品（黃金）的不同名稱，只是各種貨幣所含的黃金份量不同而已。所以，整個推行金本位制的地區就成為統一貨幣區。

一個統一貨幣區的主要特性是其中最多只有一間中央銀行具有創造貨幣的能力，其所以「最多」是因為在這種純粹商品貨幣制度之下根本就不需要中央銀行。

在這種統一貨幣制度之下，各區之間固定匯率的維持是完全自動的，毋需貨幣或其他政府機構之干預。紐約的 1 美元與舊金山的 1 美元是完全相同的，英格蘭的 1 英鎊與蘇格蘭的 1 英鎊也是如此。只是如要改變使用地點自須支付寄匯費。同樣的，7.8 港幣亦就是 1 美元的同一價值，只是要將兩

者交換須支付些許手續費而已。

如果各國不願放棄中央銀行的設立，那麼最好是建立自由浮動匯率制。基本上，浮動匯率制與真實的金本位制之相似程度要超過兩者之與釘住匯率制之相似程度。因為，兩者都讓人民自由從事貨幣的買賣，同時也都無政府的干預。不像釘住匯率制那樣，個人必須按照政府規定匯率從事買賣，其變動亦需由政府決定。（注11）費氏還認為可調整的固定匯率制是最壞的一種制度，因為它不若固定匯率制那樣的穩定，也沒有浮動匯率制那樣的機動。這就易產生不穩定的投機。（注12）

最後費利曼在其《回憶錄》中說：「自從我在1950年提出這種（支持浮動匯率）的結論以來，經驗只有使我更增加對於它的正確性的信心。同時，也正如我幾年前所寫的使我更懷疑經由浮動匯率制是政治上可行的。中央銀行是會來攪局的──當然總是用心良苦、動機純良。儘管如此，在我看來就是混濁的浮動匯率也要比釘住的匯率好，雖然不一定比統一貨幣好。」（注13）

注1：　Milton Friedman, "The Case for Flexible Exchange Rates", in *Essays in Positive Economics*, The University of Chicago Press, Chicago, 1953, p.157。

注2： 同上注。

注3： Milton Friedman, *Dollars and Deficits*, Prentice Hall, Inc., Engle Wood Cliffs, New Jersey, 1968, pp.223-225。

注4： 同注1文，pp.172、202。

注5： 同上注。

注6： 同注3書，p.229。

注7： Milton Friedman, *A Program for Monetary Stability*, Fordham University Press, New York, 1960, p.84。

注8： Milton Friedman, *Money Mischief*, Harcourt Brace Jovanovich, Publishers, New York, 1992, p.244。

注9： *Two Lucky People*, p.220。

注10： 同注8書，pp.241-244。

注11： 同注3書，p.231。

注12： 同上注書，pp.233-234。

注13： 同注9書，p.221。

第九章

貨幣數量學說的重述

　　就費利曼的全部學術上之造詣論，芝加哥大學的教學與研究的影響自然非常重大，但同時也不能忽視他與國民經濟研究院之關係的密切所發生的作用。先是他於1937-42年間應該院顧志耐教授之邀參加並完成他們對於專業人士所得的研究。這就使費氏懂得如何處理原始資料從事經濟分析，而終於使他領悟到經濟學是一種實證科學的真諦，「沒有一種事實沒有理論，沒有一種政策沒有理論，沒有一種理論沒有事實。」他由而與顧氏共同寫成的《獨立專業工作的所得》一書也被接受成為他在哥倫比亞大學的博士論文。接著1948年，由於國民經濟研究院之創辦人兼院長密契爾逝世，其所遺之研究部主任一職即由其弟子柏恩斯接替，柏氏就邀費利曼去該院，主持密氏畢生所從事之關於貨幣在經濟景氣循環所發揮的作用這一部分的研究。費氏接受了這一聘約，就正如他自己所說：「對我以後三十年之學術活動發生了巨大的影響。」（注1）因為這正符合他要對貨幣問題多加研究的興趣，同時也因此使他於1953年在芝加哥大學設立一個「貨幣與銀行研究工作室」，每年接受十位左右的研究生從事貨幣（廣義的）問題的研究。到了1956年已有初步的成績，乃將其研究成果以《貨幣數量學說之研究》（*Studies in the Quantity Theory of Money*）為名而刊出。他自己也為該書寫了一篇「貨幣數量學說的重述」（The Quantity Theory of Money - A Restatement）的論文作為該書的導論。這一論文就成為他在貨幣理論上的第一篇作品，而他與國民經濟研究

院的關係即一直維持到 1981 年。

　　本章是想要將該論文的要旨加以敘述，而要從事此一工作則首先自須解答兩個問題：一為其所「重述」的貨幣數量學說原來是怎樣一種容貌，二為他何以要將之加以「重述」。對於這兩個問題有了答案後，我們自可進而說明其所「重述」的內容。

一、古典的貨幣數量學說

　　貨幣數量學說是在十八世紀就曾由亞當・斯密之摯友休謨（David Hume, 1717-1776）於 1752 年在一篇稱為「貨幣論」（Of Money）的論文中提出。到了二十世紀乃有兩種對之加以發揮的理論：一為費雪（Irving Fisher, 1867-1947）的交易性的數量學說（transactions version）（1911 年），一為劍橋學派之現金餘額式的數量學說（Cambridge Cashbalances version），是該學派首領馬夏爾（1923 年）與庇古（1917 年）所提出的。（注 2）現將兩者的內容略加說明。

（一）費雪的交易性學說

　　這一學說又可以分為兩種方程式來表達：一種是費雪原本所持以交易來表達的方程式，另一種則是以所得來表達的方程式。

　　1. 以交易表達的方程式：

在費雪看來，一個經濟社會的支付總量可以說就是對貨品所付的價格與所交易之貨品的數量的乘積。現在如以 P 代表所交易各物的平均價格，也就是物價水準，以 T 代表在某一時期社會中交易總量，那麼，這時社會所支付交易總量就等於 PT。在另一方面，這種交易總量還可以支付的貨幣數量與每一單位貨幣所使用的次數的乘積來表示。現在如以 M 代表經濟社會中所使用的貨幣數量，以 V 代表每一單位貨幣在某一時期中所使用的次數，也就是貨幣的交易速度，那麼，這一社會在某一時期中所支付的貨幣總量就等於 MV。將兩者放在一起就產生了著名的費雪的交易方程式如下：

$$MV = PT$$

上式實際上是一種恆等式，但如果其中的 T 與 V 都可假定其為常數，則這一古典的數量學說也就可以成立了。先以 T 來論，由於古典學派都假定經濟社會之處於充分就業是常態，其所能生產的貨品與勞務都已提供了，因此，其所交易的貨幣總量已達到最大的限量，不會再增加了，自可視為常數。再以 V 來論，雖然費雪與其他早期學者都認為它是會受到利率與物價的變動之影響的，（注 3）但一般都假定其決定於社會中之交易習慣一時是不會變的，所以亦可視為一常數。這樣貨幣數量與貨幣價值之間的關係也就可確定了，貨幣數量增加會使物價上漲，因此每一單位貨幣所能購買的貨品就要減少。

2.以所得表達的方程式：

　　運用上列費雪的交易方程式來分析實際情況時就發生了一個問題，這就是沒有實際經濟統計的資料可以用來表達其中之 T 的數量。照他的意見是應包括所有的交易，例如以小麥的價值來說，當農人將之銷售給麵粉廠就支付了一次，接著麵粉廠又將之銷售給麵包廠又支付了一次，麵包廠將之銷售給零售商再支付一次，最後零售商將之銷售給消費者又支付了一次，這樣一共支付了四次。每次都是單獨進行的，都是可以目見的。社會中物品非常之多，相互之間的交易也非常頻繁，要想將之全部加總起來是不可能的。現在有國民會計的興起，這種交易都有所得的產生。例如前述農人出賣了小麥有所得的收入，麵粉廠出賣麵粉也有所得，麵包廠出賣了麵包也有所得，消費者從事各種經濟活動也有所得，這些所得都是由從事這些活動的收入減去其成本所形成的。將所有各人的所得加起來就成為國民所得。由此可見，國民所得是只將所有交易階段中所增加的價值加以合計，而沒有將其中之「中間物品」（intermediate goods）的價值計算進去，在本例中這種中間物品就是小麥。有了這種計算方法後，費雪之以交易來表達的方程式就可改以所得來表達了。它在從事實情之分析時所遇到的困難也就解決了，因為今天所有現代的國家都有國民所得的編製。既然如此，這一以所得來表示的方程式就可寫成如下式：

$$MV = Py$$

其中之 M 與前式中一樣是代表貨幣總量，P 也一樣是物

價水準，但其中的 V 就代表每一單位的貨幣用來完成各人所得的次數，也可稱為貨幣的所得速度，新的 y 則為實質國民所得（real national income），也就是貨幣的國民所得所能換取各種實際物品的數量，是一國在某一時期中（通常都採一年）真實能製出之產物的總量。

（二）劍橋學派的現金餘額學說

貨幣經濟社會的一個重要特色是能將購買行為與銷售行為分開，一個人有物需與他人交換時，不必要恰遇到一個想購買這物品的人，而只要找到一個具有他所想交換之物的有普遍購買力的人就可以了，然後他可以利用這一普遍的購買力去購買他所想要的物品。為了使購買行為與銷售行為分開，自須有一物可以暫時儲存這種購買力。這就是現金餘額學說對於貨幣之具有這一功能所重視的地方。

一個人或一家企業究竟想保有多少貨幣以達成這種目的呢？我們首先可能會想到的是這與個人或企業之所得的數量有關，因為這可以決定他所能達成買賣的數量。既然如此，我們就可以社會中所有人與企業所想保留的貨幣總合起來，成為他們全部所得中的一個分數。現可將這種情形寫成下一方程式：

$$M = kPy$$

其中的 M、P 與 y 都與上式中的意義相同，k 則為貨幣數量在所得中所占的比例。我們可以將 k 視為一常數，以使上

式成為恆等式；也可以將之視為一「想要的」（desired）比例，這樣M就成為「想要的」貨幣數量。「想要的」數量不一定須與實際保有的貨幣數量相等。不論作何解釋，這一k顯然是上式中之V的倒數。如果M是實際貨幣數量，V就是實際上的流通速度；反之，如果M是想要的貨幣數量，V就是想要的流通速度。

　　這一學說可以與上一以所得來表達的交易學說一樣，利用現代國民會計所提供的資料從事分析。但現金餘額學說則為更有效力的分析工具，因為第一，它只注意人們之所以要保有貨幣的動機。例如交易性的學說對於銀行中的定期存款或儲蓄存款是否為貨幣並無明確的表達，因為它們都不是非經過兌換就可成為交易媒介的。這在現金餘額學說中就不成問題，因為它只問貨幣是否為一種暫時儲藏購買力的工具，既然如此，這些存款自然都是貨幣了。其次，交易式的數量學說對於支付之技術層面如銀行制度的操作、信息傳輸的速度以及其他影響支付時間的因素等等都很重視，認為是決定整個經濟社會所需貨幣數量的因素。現金餘額學說對於這些都不關心，它所著重的是決定貨幣之可用性的因素，例如保有貨幣的成本、未來經濟局勢的發展等等，認為這些才是重要的。最後現金餘額學說之更值得採納的是，它可以利用經濟學上之傳統的供給與需要定律來從事分析。它這一方程式就可視為對貨幣的需要函數，其中右邊的P與y可視為決定需要的兩個變數，k則表示所有其他變數。這樣k就不是一

個常數，而是一個本身就受到其他因素影響的變數。為了完成這種分析，就須有另一表示貨幣供給的函數，這樣需要函數與供給函數相接觸的一點，就決定了物價水準。從這一觀點看來，現金餘額式的數量學說實為一種對貨幣之需要的理論，不是一種決定物價水準或者貨幣所得的理論。（注4）

二、凱恩斯的革命

以上是貨幣數量學說之原來的形態，現在接著要解答的是何以費利曼要對它加以「重述」。簡單地說，這就是由於凱恩斯於1936年所掀起的一場經濟理論上的革命。在此之前凱恩斯也是接受現金餘額學說的，他於1923年出版的《貨幣改革論》就是據此而寫成的。當時他就是根據這種古典的理論來分析德國的通貨膨脹，說明物價之急劇上漲如何引起未來物價之更急速上漲的預期，使人們更快地去使用手中的貨幣，使k變得更小而促使物價之更為上漲。但是，凱氏對於事態的發展之反應是非常敏捷的，他看到1929年後所發生的經濟大蕭條，乃於1936年發表了《就業、利息與貨幣的一般理論》，提出一種不同的解釋貨幣所得之變化的理論，這就引起了上述的所謂凱恩斯革命。他強調貨幣所得與投資或自發性支出（autonomous expenditure）的關係，不是貨幣所得與貨幣數量的關係。這就使貨幣數量學說在經濟分析上的重要性減少了，漸漸地使人認為在經濟政策的擬訂上貨幣的因

素是無關重要的，至少是關係不大，而應將重點放在投資、
政府的財政政策以及消費者支出與所得之關係上。

　　凱恩斯當然並沒有否定貨幣數量學說的正確性，他所爲
的是在指出「在就業不足的均衡狀態之下」，上述 MV ＝ Py
中的 V 以及 M ＝ kPy 中之 k 都是非常不穩定的。何以會如此
呢？他就提出對於貨幣的需要可分爲兩部分，一部分是「爲
滿足交易的與預防的動機而持有的」，可以 M1 表示，另一部
分則爲「滿足投機動機而持有的」，可以 M2 來表示。（注
5）。對於 M1 與 M2 的需要，他稱爲「流動性偏好」（liquidity
preference），他認爲 M1 是所得的函數，對 M2 的需要則會
「隨著利率未來變動的不穩定」而增加，至於需要的數量則
取決於當期利率與預期將來會出現之利率之間的關係。在預
期情勢已知的條件之下，現期利率愈高，人們所想要爲投機
動機而持有的實際貨幣數量就愈少。這是由於下列兩個原
因：第一是保留貨幣而不購買證券以賺得利益的犧牲太大
了；第二是將來利率可能會下跌，因而債券的價格可能會上
漲，這樣保留現金而不購買債券則損失更大。但是，利率的
變化是很不可測的，這樣對於 M2 的需要就非常不穩定。同
時，在就業不足的情形之下，對 M1 的需要也不穩定，因爲
各種資源都沒有充分使用，貨物的交易也就沒有達到最高的
程度，其間常有多寡的波動。既然如此，貨幣的所得流通速
度又如何能夠穩定？

　　其次，凱恩斯還預見對於投機所需之貨幣的彈性可能會

非常大，甚至可以到達無窮大的程度，這樣貨幣數量的增加就會全部被留下做為投機之所需，形成了一個所謂「流動性陷阱」（liquidity trap）。在這種情形之下，貨幣對物價或所得就都不能發生任何影響，貨幣數量學說就須完全放棄了。依據凱恩斯看法，這種情形可能會發生於利率非常低的時候，那時債券、股票以及其他證券的收益也都非常之少，可能少到不足以引起購買興趣的地步。既然如此，投資者就毋寧保留現金，這樣雖然無任何收益，但至少它有立即能換成其他所需物品的便利（利益）。這時新增的貨幣就會立即成為各人身邊的庫藏，不會從事任何投資。同時，這時所得之增加也不必增加貨幣，因為可從留作投機的貨幣中提取。

凱恩斯認為這種流動性偏好成為絕對的以致形成陷阱的情形是罕見的，「也許將來事實上可能是重要的，」但他的門徒則認為這已是事實。更重要的，其中許多還認為當流動性偏好不是絕對的時候，貨幣數量的變動只會影響債券的利率，這種利率則很少有進一步的影響。他們認為消費支出與投資支出都幾乎不受利率變化的影響，因此，貨幣數量的變化就只被其速度的相反變化所抵銷，使 P 與 y 幾乎完全不發生影響。（注6）

這就是凱恩斯革命的大要，後來1939年二次世界大戰暴發了，經濟大蕭條自然也成過去。到了1945年大戰結束，因恐戰費需求突然沒有了，經濟又將再陷蕭條，美國乃採取凱恩斯學派的主張推行低廉貨幣政策，期能由利率之減少以刺

激投資之增加。但是，不到幾年則事與願違，經濟固未見衰退，而通貨膨脹則日益嚴重。在這一背景下，費利曼乃有「貨幣數量學說的重述」的寫出。

三、數量學說之重述的要旨

費氏在文章一開始就指出：「芝加哥是在1930年代與1940年代少數幾個研究中心中，數量學說繼續成爲口述傳統之主要的、活力充沛的組成部分，其中的學生繼續研究貨幣理論，並撰寫貨幣問題的論文。」（注7）這篇導論的目的是想要爲數量學說提出一個特別的「模型」，以傳輸這一口述傳統的氣息。（注8）那麼，他所提出的是怎樣一個特別的模型呢？現可將其要旨加以敘述。

他首先就指出，「數量學說自始就是一種對貨幣之需要的理論。它不是一種產量或者貨幣所得或者價格水準的理論。任何關於這些變數的說明，都需將數量學說與關於貨幣供給以及也許其他因素的特定情況相結合方有可能。」（注9）他強調貨幣的功能是在於它能對其持有者提供各種勞務，產生各種效用，使他們得到滿足。從這一觀點看來，我們就須將貨幣的持有者分爲兩類：一類是終極財富持有者（如個人與家庭），對他們而言，貨幣是一種資產，也是一種保有財富的方式。另一類是生產性企業，對它們而言，貨幣是一種生產性之勞務的資源，可以用來與其他生產性之勞務相結

138

合，以製成各種產品，供生產性企業銷售。因此，對貨幣之需要的理論是資本理論中的一個特殊課題。唯其如此，就構成了資本市場供需的兩方面，終極財富持有者對於貨幣的需要影響資本市場的供給面，而生產性企業則影響資本市場的需要面。（注10）現可分別分述於下：

（一）終極財富持有者的貨幣需要

他們對於貨幣的需要，就實質而言，乃為下列四個變數的函數，也就是決定於下列四個因素：

1.總財富：這就好像消費理論中的預算限制一樣，個人所保有的貨幣不能超過其保有之財富的總額，這一總財富必須分成各種不同型態的資產。實際上，有關總財富的估計通常就以所得做為財富的指標，但各人的所得每年都有變動，所以費氏就主張以「恆常所得」為指標（關於恆常所得的意義可參閱第七章）。

2.人力財富與非人力財富之劃分：大多數財富持有者所持有的是他們的賺錢能力，但是將這種人力財富轉換成非人力財富，或者相反的，將非人力財富轉變成人力財富，都受到制度上的限制。例如人不能被買賣，這就可以利用人的賺錢能力所能購得的非人力財富，或者利用非人力財富去獲得人所具有的技術而非人本身來達成。因此，非人力財富在總財富中所占的分量（比例）也許是另一重要的因素。

3.貨幣與其他資產的預期收益率：這就像消費理論中之

各物與其替代品及互補性品之間的價格變動。貨幣的名目收
益率可能是零（例如一般通貨），也可能是負數（例如有些
存款之領取須付手續費），也可能是正數（例如有些活期存
款可能有利息，其他定期存款或儲蓄存款都有利息）。其他
資產的名目收益率則有兩部分，一部分是債券的利息，或股
票的紅利，或實質資產之儲藏須付保管費；另一部分是它們
之名目價格的變動，這一部分在通貨膨脹或通貨緊縮的情形
之下自然就特別重要。

　　4.其他決定貨幣與其他資產所提供之相對效用的變數：
例如貨幣與實質財產或所得來對比，如果貨幣在財富持有者
心目中是一種像麵包一樣的「必需品」，對於它的需要，就
會隨其所得增加而以較小的比例增加。如果貨幣在他們心目
中是一種像娛樂這樣的「奢侈品」，其對於它的需要就會隨
其所得的增加而以較大的比例增加。同時，在這種變數中還
有一種可能也是很重要的，這就是對未來經濟穩定的預期。
如果財富持有者認為未來經濟將很不穩定，他們對於貨幣的
保有就會很重視。這也就是貨幣的速度會減少。

　　現在我們如將上述的分析以符號來表示，則個別財富持
有者對於貨幣的需要函數可寫成下式：

$$\frac{M}{P} = f(y, w; r_m, r_b, r_e, \frac{1}{P}\frac{dP}{dt}; u)$$

　　其中的 M、P 與 y 都與上述現金餘額方程式中的同義，
只是這些乃表示財富持有者個人的。首先要指出的是，我們

對於貨幣的需要是決定於這些貨幣所能購得的實物數量。我們重視的是貨幣的實質價值，不是它名目上的數量。換言之，我們所要的是實質貨幣，不是名目貨幣，而實質貨幣的數量就以M／P表示。式中的w是非人力財富在總財富中所占的分量，r_m是貨幣的預期收益率，r_b是價格固定之證券的預期收益率，包括其價格之預期變動，r_e是股票的預期收益率，包括其價格之預期變動，（1／P）（dP／dt）是預期的物價變動率，也就是預期的通貨膨脹率，因此是實質資產的預期收益率，u是表示所有除所得以外可能影響貨幣所提供之勞務的效用的變數，例如各人的偏好、對未來局勢演變的樂觀或悲觀等等。

以上是個別財富持有者之對貨幣的需要函數。如要將之總合成為整個經濟社會的需要函數，自然必須考慮y與w兩個變數的分配情形對於貨幣需要可能發生的影響，這樣上式也就可用來表達整個經濟社會的貨幣需要函數。其中的M與y則指每人平均持有的貨幣與每人平均實質所得。同時w則表示全部非人力財富在社會總財富中所占的比例。

（二）生產性企業的貨幣需要

生產性企業不像終極財富持有者那樣會受到預算限制，資本儲存於生產性資產（包括貨幣）的全部數量是企業為達到收益之最多所決定的變數，因為它們能在資本市場中籌得更多的資本。這樣總財富或其代表的y就不再成為其貨幣需

要函數中的一個變數。

其次，關於人力財富與非人力財富之區分對於企業也沒有任何關係，因為它們大概都能在市場中購得這兩種形式的勞務。

至於貨幣與其他資產的收益率當然與這些生產性企業有高度的關係，因為這些收益率決定了它們保有貨幣數量的成本。不過，對於與它們相關的各種特殊比率，則都可能與終極財富持有者相關的並不相同。例如銀行放款的利率對於終極財富持有者可以說並不重要，而對於生產性企業則可能是非常重要，因為銀行貸款可能是它們獲得儲存於貨幣中之資本的一種重要方法。

在上式中 u 這一變數，就企業方面說，是一套除影響貨幣數量的生產力之外的變數。至少其中對於經濟穩定性之預期的變數，可能對於生產性企業與財富持有者都是相同的。

上式中的變數，除了 w 之外，做了這些解釋後，這一方程式也可視為企業對於貨幣的需要。同時，儘管將各企業加總起來還有一些手續上的限制，這一方程式大致上也可表示對於貨幣的總合需要。（注11）

以上這種分析實際上與凱恩斯學派一樣都是採取資產選擇（portfolio choice）分析方法，因為都認為每個人都持有各種不同形態的資產，都可以由而產生收益，而究竟要保有何種形態的資產，則各人都會依據各種資產所能產生的收益及其所需承負之風險等等加以選擇。唯其如此，費利曼認為，

「差不多每一經濟學家都會在純粹形式與抽象的層面接受這一分析的一般綱領，儘管每個人對其詳細內容無疑地都會做不同的表達。關於這一分析在對一般經濟活動之短期與長期變動之瞭解上的重要性，則顯然有深切的基本差異。這種意見的差異在下列三個不同問題中就會出現。」（注12）接著他就說明數量學說者對這三個問題的態度：

第一，「數量學說者接受貨幣之需要是高度穩定的這一實證性的假設，……數量學說者不需要，同時一般也不意指，每一單位產品所需的實質貨幣數量或者貨幣流通速度是一個長期不變的常數。例如，他不認為在惡性通貨膨脹時貨幣流通速度之急速增加是與貨幣需要之穩定相矛盾，因為他所預期的穩定是指在貨幣需要量與決定它的變數之間的函數關係的穩定。……當惡性通貨膨脹期間，貨幣流通速度之急劇增加與穩定的函數關係完全不相矛盾。……在另一方面，數量學說者必須嚴格限制並須明白指出，在函數中所包括的於實證上極關重要的變數。……

「數量學說者不但認為貨幣之需要函數是穩定的，而且還認為它對於從事整個經濟社會分析，要決定諸如貨幣所得與物價水準之變數時，也會發生重大的作用。」

第二，「數量學說者也認為，有些影響貨幣之供給的重要因素並不影響貨幣的需要。在某些情況之下，技術條件可以影響黃金的供給，在其他情況之下，政治的與心理的狀況也可以決定貨幣當局與銀行體系的政策。需要函數的穩定在

為了要找出供給變動所發生的影響時是很有用的，這也就是說，供給至少是會受到影響需要之外的其他因素的影響。……

　　第三，「數量學說者也不相信貨幣需要彈性會是無窮大，也就是說沒有所謂『流動性陷阱』。」（注13）

　　以上是費利曼以芝加哥大學之口述傳統為基礎而發揮出來的，對於貨幣數量學說所提出的一種特殊的模型。是否準確，則應以事實發展的情況做為根據而加以判斷。這是他一再強調經濟學是一種實證科學的真諦。就這方面論，他認為他在這本他主編的《貨幣數量學說之研究》中幾篇論文已經有所獻替。所以他認為芝加哥這一口述傳統固然是他的老師所締建，但它之仍能「保持生命與活力」則他的學生們也盡了一分心力。（注14）到目前為止，對費氏這種論述有所批評的主要是來自柏廷根（Don Patinkin）。他比費利曼晚近十年到芝加哥大學攻讀，他認為芝加哥沒有像費氏所說的那種口述傳統，（注15）而費氏亦對之加以答覆。（注16）

　　總之，他認為這部「《貨幣數量學說之研究》在1956年出版是貨幣理論上抗拒（凱恩斯）革命之主要的第一步；接著就在貨幣主義這一不很適切的名號下恢復了古典數量學說在學術上的崇敬地位，我這篇以『貨幣數量學說的重述』為名的導論也就被視為『現代數量學說』之內涵的一種陳述，成為凱恩斯主義之另一種替代。」（注17）既然如此，正如上面指出，這篇論文是費利曼在貨幣理論方面的第一篇作

品，此後還陸續有所發揮，筆者自亦會據而在本書中再行傳述。

注 1： *Two Lucky People*, p.228。

注 2： Milton Friedman, "Money Quantity Theory", in *The International Encyclopedia of the Social Sciences*, X, Crowell Collier and Macrmillan, Inc., New York, 1968, p.433，此文嗣後簡稱為 *Quantity Theory*。

注 3： 同上注文，p.436。

注 4： 同上注文，pp.437-438。

注 5： J. M. Keynes, *The General Theory of Employment, Interest, and Money*, Harcourt, Brace and Company, New York，1936, p.199。

注 6： 同注 2 文，pp.438-439。

注 7： Milton Friedman, "The Quantity Theory of Money — A Restatement", in *Studies in the Quantity Theory of Money*, The University of Chicago Press, Chicago, 1956, p.3，此文以後簡稱 *A Restatement*。

注 8： 同上注文，p.4。

注 9： 同上注。

注 10： 同上注。

注 11 ： A Restatement, pp.4-14，以及 Quantity Theory, pp.439-441。

注 12 ： A Restatement, p.15。

注 13 ： 同上注文，pp.16-17。

注 14 ： 同上注文，p.21。

注 15 ： Don Patinkin, "The Chicago Tradition, the Quantity Theory, and Friedman", in his *Studies in Monetary Economics*, Harper & Row Publishers, New York, 1972。

注 16 ： Robert J. Gordon, ed, *Milton Friedman's Monetary Framework*, The University of Chicago Press, Chicago, 1974, pp.158-160。

注 17 ： 同注 1 書，p.228。

第十章

《美國貨幣史》的啟示

　　從 1940 年代後期到 1960 年代早期，費利曼所從事之研究中心是在完成上章所曾提到的由國民經濟研究院委託其進行的關於貨幣在經濟景氣循環中所扮演之角色的研究計畫。這一研究計畫所牽涉到的範圍非常之廣，歷時非常之久，最後終於出版了三部著作，這一部稱爲《美國貨幣史，1867~1960 年》（*A Monetary History of the United States, 1867~1960*），是於 1963 年出版的。

一、《美國貨幣史》的寫出

　　這一計畫推行一開始，國民經濟研究院就派其院中的研究助理許懷慈女士（Anna J. Schwartz）擔任費利曼的研究助理。許氏較費利曼年輕三歲，她曾獲哥倫比亞大學經濟學碩士，自 1941 年起即在該院工作，成績非常優異。1948 年轉任費氏的研究助理後即利用工作之餘暇，在哥倫比亞大學完成博士學位所需具備的條件。到 1964 年至 1965 年，費利曼擔任該校密契爾講座研究教授（Wesley C. Mitchell Research Professor）時，她就在他指導之下完成了論文而獲得博士學位，所以是一位辛勤篤學的學者，費氏對於她所提供的協助非常推崇。（注 1）

　　這部《美國貨幣史》就是她與費氏合著的。不但如此，嗣後在此一研究計畫下所完成的另兩部著作亦是兩人合著：此二著作一爲 *Monetary Statistics of the United States*，1970 年

出版；另一爲 *Monetary Trends in the United States and the United Kingdom*，1982年出版。

在這期間，費利曼還爲國民經濟研究院撰寫了一本《消費函數的一種理論》（其要義已詳於第七章）。這本書與《美國貨幣史》就成爲費利曼對凱恩斯及凱恩斯主義之批評的主要著作，同時也成爲他在1976年獲得諾貝爾經濟學獎的主要依據。前者是說明1930年代經濟大蕭條所沒有發生的事：經濟大蕭條不是如凱恩斯所說的，是由於經濟發展到成熟階段產生儲蓄過多與邊際消費傾向下降而促成的。後者則說明了經濟大蕭條時所發生的事：經濟大蕭條不是如凱恩斯所說，貨幣政策已無力予以解救，而須改採財政政策，由政府干預方克有濟；相反的，是由於政府推行不適當的貨幣政策，聽任貨幣數量之減少所造成的。這種見解一經提出就贏得學界之重視，這部《美國貨幣史》也就立即成爲經濟學上重要的經典。

從費氏之學術生涯中，我們可以看出他在沒有從事這一研究計畫之前，對於貨幣在經濟活動中所扮演的角色是不很重視的。儘管他在芝加哥大學攻讀時曾接受閔滋教授的教導，使他對於貨幣數量學說有所瞭解，但並沒有做進一步的探究。到1932年畢業後，他曾擔任過一些實際工作，亦仍對貨幣因素在經濟活動中所能發生的作用加以漠視。例如當他於1941年秋到1943年冬，參加美國聯邦政府財政部之工作時，他所重視的是財政因素。在他接受國民經濟研究院的研

究計畫以前，他對貨幣政策加以考慮的一篇文章是「謀求經濟穩定之貨幣與財政的結構」（A Monetary and Fiscal Framework for Economic Stability）。這是一篇受其老師沙門斯之影響而於1948年寫成的。他在其中提出四項為謀求經濟穩定的政策建議，只有一項是關於貨幣政策的，其他都是關於財政政策的。他曾提到，「政府的反常高度支出會造成通貨膨脹。」（注2）後來他才認為通貨膨脹完全是一種貨幣現象。

要推展國民經濟研究院所委託的這一研究計畫，首先自須蒐集有關貨幣的資料。在這一過程中他突然發覺自己過去對於經濟大蕭條的理解是如何的錯誤，而產生了一種迥然不同的嶄新見解，因為他看到了這些資料以後，就感到貨幣的數量及其流通速度在經濟景氣循環中的確發生重大的作用。如果這一事實能夠確定，則貨幣政策的運用是可以達成經濟穩定之目的的。這時他重視貨幣的思想就已萌芽。經過他與許懷慈將這些資料做了七年的分析、組合與探索，乃寫成了《美國貨幣史》一書。他們在該書一開始就這樣說，「這是一本關於美國貨幣數量的書。它探索美國自從內戰結束後到1960年約近一個世紀的貨幣數量的變化，研究促使這些變化的因素，並分析貨幣數量對於事態發展所產生的影響。」（注3）最後產生下列三個結論：（注4）

1.貨幣數量的變化與經濟活動、貨幣所得及物價變化密切相關。

2.貨幣與經濟變化的相互關係是高度穩定的。

3.貨幣變化常常有其獨立的根源，它們不僅僅是經濟活動之變化的反映。

由於他對貨幣數量的變化所能發生的作用如此重視，英國人乃於1970年左右將他這種主張稱之爲「貨幣主義」（monetarism）。雖然費利曼感到這一名號不很妥切，而寧願使用傳統的貨幣數量學說一詞，但因爲一般都這樣稱呼了，他也就只好隨俗。（注5）

全書篇幅浩瀚，共八百六十頁，其中最重要的是關於「經濟大蕭條」的描述，其所涉及的三章（第七章到第九章）且另行抽出，以《*The Great Contraction, 1929~1933*》爲名單獨出版。同時，費氏自己亦在其另兩本較爲通俗之《資本主義與自由》（*Capitalism and Freedom*）與《自由的選擇》（*Free to Choose*）二書中，對此題之要義亦都有所發揮。現在本章就以此題爲中心將其論述的內容略加說明，以示這部著作對經濟學的卓越貢獻。

二、經濟大蕭條的形成

我們知道，美國自1929年中期開始的這場經濟蕭條所引起的傷害是空前的。以全國的所得論，到1933年經濟衰落到谷底時，已減少了一半，全美生產減少了三分之一，失業人數亦到達全部工作人口的25%。由於當時美國已成爲世界首

富，這種經濟蕭條的景況自然也影響到全球其他各地，使其產量亦告下降，失業亦告增加，因而這場經濟蕭條也就特別稱之爲「經濟大蕭條」。

一般認爲，這場蕭條是由美國於1929年10月24日紐約證券市場之崩潰開始的，有的甚至還認爲這一崩潰就是蕭條產生的原因。實際上這種說法是錯誤的。證券市場之崩潰固然關鍵，但它不是經濟蕭條的開始，更不是它的原因。經濟繁榮的態勢達到頂峰是在1929年8月，自此以後情勢即見衰退。證券市場的崩潰無疑會影響企業界的信心，也會影響個人支出的意願，這樣自然會促成整個經濟情勢的萎縮。但是，儘管如此，這種情形是不足以促使整個經濟之全面崩潰的，最多不過會使美國經濟萎縮時間延長一點、程度惡化一點，但絕不致成爲美國經濟成長上之一次最嚴厲的衝擊。

同時，從後來觀察，當時美國的聯邦準備制度自1929年5月到1930年10月將貨幣數量減少了將近3%，是一種錯誤，是不應該的，但也許還是可以原諒的。因爲這種於證券市場崩潰之後又加上貨幣數量的減少，是可以使經濟局勢更惡化，但也僅是使經濟衰退更爲嚴厲。如果這種情形能在1930年底到1931年初即行中止，還不致造成經濟大蕭條。

但是，這種經濟緊縮的態勢到了1930年11月就有基本的改變。先是只有幾家商業銀行由於存款者紛紛前往提取存款而發生不支以致宣告倒閉，不久這種擠兌之風就行蔓延。最後到了1930年12月11日美國銀行（Bank of the United States）

亦告不支，終而達到高潮。美國銀行是美國最大的商業銀行之一，擁有2億美元的存款，是一信用卓著的銀行。它竟也宣告不支，自會產生巨大影響，再加上它雖然是一家私人經營的普通銀行，但它的名號卻使許多國內外人士誤認爲是一家政府銀行，這樣其所引起的反響自更嚴重。（注6）在1930年10月以前，從沒有發生流動性危機或者對銀行信心喪失的危機，但從此以後就不斷發生。這種情況之所以重要還不僅僅在於銀行倒閉的本身，而在於它所引起之對於貨幣數量的影響。

我們知道，在推行部分準備的銀行制度之下，一家銀行自然不必將其所收到的存款全部都保留在行中，而會將其中一部分轉借給他人。這就是「存款」一詞何以是一個容易引起誤會的名詞的原由。當你將1萬元存入銀行以後，銀行就會將其中七、八成轉借給他人，而只留下兩、三成在行中，做爲你不時前往提取的準備。同時，這些向銀行借款的人可能也會將其中一部分存入他們的銀行，而這些銀行也可能會將這些存款的一部分轉借給他人。如此不斷演化下去以後，結果是銀行每保有1元的現金，同時也欠別人許多元的存款。以一筆現金論，所有者願以存款方式來保留的數量愈多，則其對貨幣數量（現金加上存款）所引起的增加也就會愈大。這時如果許多人想將其存款提出，則必會引起貨幣總量的減少。除非對這筆被提領出的款項可以設法創造，而銀行又有方法可以得到，不然的話，一間銀行爲了滿足存款者

的需求，就只有將其貸放給其他銀行的款項收回，或者將自己的投資出售以獲得現金。同時，其他銀行亦會因同時遭受到這種困局而又影響另一些銀行。這種競求現金的情形不斷演變下去勢必會導致證券價格下跌，原本信用卓著的銀行不支，使存款者信心發生動搖，最後勢必導致整個金融市場的崩潰。

1914年，美國之所以有聯邦準備制度之設立，為避免這種悽慘景況的發生也是原因之一。當這種情勢有產生之可能時，它就被賦予一種職權（即通過票券重貼現與公開市場操作）對一般商業銀行提供資金援助以解救之。但是，不幸的是，當聯邦準備制度面對這種流動性危機時並沒有採取積極行動，這顯然有虧職守，是不可原諒的。到了1931年，這一波銀行倒閉之風終告結束，一般金融市場的信心已有恢復之象。可是，這種復甦是短促的，第二波的銀行倒風又起，使貨幣數量又再減少。這時聯邦準備制度仍未採積極行動。面對整個商業銀行體系遭遇空前之崩潰的危機時，這一「承負最後貸款者」（lender of last resort）任務的中央銀行的帳簿上所表露對其會員銀行的信用貸款卻是一個遞減的數量。

到了1931年9月，英國放棄了金本位。在這件事發生之前後的一段時間，美國黃金都有流出現象，但是在此事發生的前兩年黃金則不斷流入美國，所以在1931年，美國黃金存量以及聯邦準備制度的黃金準備都很充裕，已達到前所未有的程度。儘管如此，聯邦準備制度卻對由於英國放棄金本位

所引起黃金外流現象立即採取嚴厲限制政策，這就與它早年對國內金融面對困境時所採取之政策形成鮮明的差異。這樣的結果自然使國內金融所面臨的困難更爲嚴重。在經濟遭受兩年多嚴厲緊縮之後，聯邦準備制度卻將貼現率提高到過去所未見的程度以制止黃金外流，這種措施固可制止黃金外流，但同時亦增加銀行受擠兌之影響而陷於倒閉的困境。從1931年8月到1932年1月這六個月間，十間銀行大約有一間停止營業，全部商業銀行的存款亦減少了15%。（注7）

到了1932年，聯邦準備制度受到美國國會強烈壓力不得不從事公開市場操作，購進政府公債10億美元，使經濟不振之勢稍見緩和。如果這種政策早在1931年推行，則可阻止上述困局之產生。但到了1932年才有這種措施，其所能產生之效果自然有限。待美國國會到了休會之期，聯邦準備制度之態度又轉趨消極，立即停止公開市揚的操作，最後終於又引起一次銀行的倒風。當1933年3月4日新總統羅斯福上任伊始，即於3月6日宣布全國銀行包括聯邦準備制度下所屬之十二家準備銀行在內都同時停止營業一週，這就是史無前例的所謂全國銀行假日（National Banking Holiday）。一個原是用來阻止商業銀行擠兌之風的聯邦準備制度卻同時與商業銀行一起停業，是一件如何嚴重的事，但是該制度於1933年的年度報告中卻如此寫道：「聯邦準備銀行在危機時應付對通貨之大量需求的能力，表達出在聯邦準備法案之下國家的通貨制度的效率。……這是難以描述的，如果聯邦準備制度不

在公開市場大事購買（公債），經濟蕭條會演變到怎樣一種狀態？」（注8）

　　概括地說，從1929年7月到1933年3月，美國貨幣數量減少了三分之一，同時其中的三分之二是在英國放棄金本位以後減少的，如果不讓貨幣數量繼續減少，這種緊縮的時間是可以縮短的，程度是可以減輕的。費利曼說：「這是眞正意想不到的，如果貨幣數量沒有減少，在短短幾年間，貨幣所得會減少到超過二分之一，物價下跌會超過三分之一。我沒有看到任何一個國家或者任何時候，嚴厲的蕭條不是同時發生貨幣數量之急劇的減少。同樣的，沒有一次貨幣數量之急劇的減少不是同時又發生嚴厲的蕭條。」（注9）由此可見，他是如何重視貨幣的因素，因而我常將他所持的這種貨幣主義譯爲唯貨幣主義或唯貨幣論，或者更簡易地像唯物論（materialism）或唯心論（idealism）那樣譯爲「唯幣論」。

三、聯邦準備制度的失職

　　我們知道，自從1930年代經濟大蕭條發生以來，許多人都將之歸咎於私有企業制度的先天不穩定性。費利曼則一直不以爲然。前文中曾提到他早於《美國貨幣史》出版的前一年曾寫了一本《資本主義與自由》，其中有一章討論貨幣的管制，一開始就這樣寫：「一般人常說私有的自由企業經濟是天生不穩定的。如任其自由發展就會不斷地發生繁榮與衰

落的循環波動。因此政府必須參與，以保持其內部的平衡。這些論調在1930年代之經濟大蕭條時以及其發生以後的時期特別流行，是促成這一國家之「新政」的興起以及其他各國政府干涉類似的擴展的主要因素。」（注10）接著他又說，經過他從事實之研究後，就發覺，「美國經濟大蕭條遠非私有企業制度之天生不穩定的一種表徵，而是少數一群掌握貨幣制度大權的人之錯誤決策如何造成重大傷害的佐證。」（注11）

接著他又說：「這場緊縮（作者按：費氏意指蕭條）摧毀了長期所持的認爲貨幣力量在經濟循環過程中是重要的元素，貨幣政策是促進經濟穩定主要工具的信心。這種信心在1920年代更爲堅強。現在公共輿論則幾乎轉移到另一種極端，認爲『貨幣是無關重要的』。它主要的只是反映其他力量之影響的消極因素。貨幣政策對於經濟穩定的促進只有非常有限的效能。」（注12）經過以上之分析後已能證明，「這種判斷不能從經驗中得到確認。貨幣的崩潰不是其他力量所促成的後果，而大部分是一個獨立的因素在事態發展過程中發揮超常的影響所肇致的。聯邦準備制度的這種不能阻止崩潰的失敗，並不反映貨幣政策的無能，而是反映貨幣當局所遵循的一些特殊政策的無能……。實際上，這場緊縮是悲慘地呈露貨幣之重要性的事實。」（注13）換言之，這正反映出主持貨幣政策之政府的失敗，不是私有企業制度的失敗。

　　那麼，聯邦準備制度何以常犯錯誤呢？這基本上可以說是由於其組織的不健全。我們知道，聯邦準備制度是由美國全國分成十二個聯邦準備區，每區設一聯邦準備銀行，加上位於華盛頓之董事會為決策中心，共同組成的一個中央銀行體系。其中掌握大權的為由五位聯邦準備銀行總裁所組成之「公開市場投資委員會」（Open Market Investment Committee），此會之主席一開始就由紐約聯邦準備銀行總裁史屈朗（Benjamin Strong）擔任。這一方面是由於紐約的特殊地位所使然，當時紐約不但是美國全國的金融中心，而且已是世界金融中心；另一方面更重要的還是由於史氏本人經驗豐富、才能卓越，早已在金融界享有盛譽，其所居之權威地位已無人可以匹比。所以在1920年代，該一機構處理金融大局成績斐然。

　　到了1928年經濟局勢漸顯惡化之際，他就曾主張推行公開市場政策，購買公債，以增加通貨。但不幸於1928年10月他即逝世。自此以後，聯邦準備制度即喪失領導人物，以致一蹶不振。本來董事會可取而代之，但因其組成份子能力薄弱，難為所有各區域準備銀行總裁所接受，同時他們亦認為董事會僅為一監督與審核的機構，不應負以重任。另一方面各區域準備銀行亦想增加自己之權力，乃決定將原由五人組成之公開市場投資委員會擴充為容納所有十二位區域準備銀行總裁的機構，而仍由紐約準備銀行總裁擔任主席。但該行繼任者既無史屈朗之聲望與才能，而其他區域銀行之首長

亦多眼光狹隘，只顧本區利益，絕少具有能爲全國經濟謀求穩定之才識，結果乃聽任全國經濟衰退、銀行倒閉，而將責任推諉於不可控制之外力情勢的發展所使然。（注14）

對於這種制度，無怪乎費利曼要說：「以任何一種給少數幾個人這樣龐大的力量與眾多的權衡，使其錯誤——不論是否可以原諒——能造成這樣廣大的影響的制度就是一種惡劣的制度。這對自由的篤信者而言，是一種惡劣的制度，因爲它給少數幾個人以這種權力卻沒有使他們受到政治體制之任何有效的節制。這是反對「獨立的」中央銀行的政治理由。但是，這甚至對於認爲安全重於自由的人來說，也是一種惡劣的制度，在一個責任分散但給少數幾個人以龐大權力的制度中，其所採的重要政策行動乃高度決定於偶然所遇到之掌權者的品性，錯誤是不可避免的，不論這種錯誤是否可以原諒。這是反對「獨立的」銀行的一個重要技術性的理由。」（注15）

《美國貨幣史》一書出版以後，學術界反響是熱烈的。強森（Harry Johnson）曾在該書封底上這樣寫道：「這部等待已久的由費利曼與許懷慈合著的《美國貨幣史》，不論從任何方面來解釋都是一種不朽的學術成就。……這部書對於貨幣史的撰述樹立了一新的標準。……不但如此，它還是以極富可讀性的文體寫出的。」杜賓還寫了一篇二十一頁名爲「唯幣史觀」的書評，認爲「這將是少數幾部可以影響未來對此課題之研究的書籍。」（注16）

　　同時，費利曼自己亦認為這部書的出版所引起的影響是很重大的。由於其中對於經濟大蕭條之所以發生提出了一種新的解釋，使人們對於政府在經濟事務上所應扮演的角色，不得不再做慎重的考慮。當時，一般都相信儘管主持貨幣大計的聯邦準備制度已盡其職責、做了許多努力，而蕭條仍然發生，可見貨幣政策的效能是有限的，它就像一根繩子可以將之向後拉（也就是說可以抑制經濟繁榮），而不能將之向前推（也就是說不能減除蕭條）。因此應改採增加支出的財政政策。現經將聯邦準備制度在此期間之實際操作情形詳細指出之後，當可明顯看出將經濟事務交由政府處理並不能保證其必能將問題解決。（注17）

　　最後，費利曼於2004年參加一場為《美國貨幣史》出版四十年舉行的研討會時曾這樣說：「安娜（作者注：許懷慈的名字，許懷慈是姓的音譯）與我所著的這本書，在出版的四十年還能值得作一次回顧實在令人感銘。過去四十年所從事的這一徹底的研究，再加上最近四十年來的歷史演變，確實對我們所撰的史實敘述必須在細節上做許多修正。但是，我相信我們所提出的主要論據已經得起考驗而可以堅持下去。其中最具爭議性的一項——我們將1929-1933年間的緊縮之所以發生的主要責任歸咎於聯邦準備制度——已經差不多成為傳統的智慧了。貨幣是可以發生作用的。」（注18）唯其如此，費氏就一直主張一國貨幣事務之處理不能交給中央銀行恣意決定，而須由人民代表的議會訂定一個調節貨幣

數量的規則，責成其切實推行。他之所以有如此主張，下章
即有說明。

注 1 ：　*Two Lucky People*, p.232。

注 2 ：　Milton Friedman, *Essays in Positive Economics*, University of
Chicago Press,Chicago, 1953, p. 139。

注 3 ：　Milton Friedman and Anna J. Schwartz, *A Monetary History of the
United States, 1867~1960*, Princeton University Press,　1963,
p.3。

注 4 ：　同上注書，p.676。

注 5 ：　Milton Friedman, *The Counter-Revolution in Monetary Theory*,
The Institute of Economic Affairs, London, 1970, pp.7-8。

注 6 ：　同注 3 書，pp. 309-311。

注 7 ：　同上注書，pp.315-317。

注 8 ：　Milton and Rose Friedman, *Free to Choose*, Harcourt Brace
Jovanovich, New York , 1979, p.85。

注 9 ：　Milton Friedman, *Capitalism and Freedom*, University of Chicago
Press, Chicago, 1962, p.50。

注 10 ：　同上注書，p.37。

注 11 ：　同上注書，p.50。

注 12 ：　同注 3 書，p.360。

注 13： 同上注。

注 14： 同注 3 書，pp.411-419。

注 15： 同注 9 書，pp.50-51。

注 16： James Tobin, "The Monetary Interpretation of History: A Review Article", *American Economic Review*, June 1965, p.485。

注 17： 同注 1 書，p.233。

注 18： Lanny Ebenstein, *Milton Freedman, a Biography*, Palgrave Macmillan, New York, 2007, pp.127-128。

第十一章

貨幣政策的任務

到了 1967 年，費利曼被選為美國經濟學會的會長，任期一年，這是美國經濟學界所能授于同仁之至高無上的榮譽。唯其如此，歷屆會長於其接任時所發表之「會長講詞」必定是他畢生從事研究的結晶，是極受重視的。費利曼的自然也非例外，他的題目是「貨幣政策的任務」（The Role of Monetary Policy），現可將其要點略加敘述。

一、貨幣政策的有效性

他首先就提出一般對於經濟政策所要達成的目標，大致上都認為是在求高度的就業、穩定的物價與快速的成長。但如果三者不能同時達成時，以何者為優先則有不同的意見。至於對於為達成各項目標所須採取之政策工具的任務究竟為何，則恐有更多的歧見。他說他的主題是討論貨幣政策這一工具的任務，它能發生什麼作用？會有多少貢獻？以及應如何操作才能發揮更多的貢獻？對於這些問題常有相異的意見，當聯邦準備制度初建時，許多人認為它對於 1920 年代的經濟穩定貢獻很大。

這種情形的達成完全是由於它能配合經濟情勢的發展加以精緻地調節所致，用個目前電子時代的術語，是由於它能從事「微調」（fine tuning）。因而許多人認為一個新的時代已經來臨，由於貨幣技巧的進步已可使經濟景氣循環不再發生。但是 1930 年代所發生的經濟大蕭條卻粉碎了這種天真的

想法。於是一般輿論就轉到另一極端，認為貨幣政策就像一條繩子，你能「拉」它以制止通貨膨脹，但你不能「推」它以阻止經濟衰退。你能拉一匹馬到河邊，但你不能使牠去飲水。這種用警語來說明的理論不久就被凱恩斯的嚴謹精緻理論所代替。（注1）

凱恩斯提出一種何以貨幣政策無力制止經濟蕭條的說明，並認為經濟蕭條之所以發生是由於投資與其他主動性支出缺乏所致。在這種情形之下，政府之支出自可以用來彌補這種不足，因此財政政策自可成為貨幣政策的替代。這種說法即廣為一般經濟學家所接受，認為貨幣已無關宏旨，其唯一的任務是設法維持低微之利率，以減輕政府預算上的負擔，或者還能少許刺激投資之增加，以協助政府之支出而維持高度的總合需要。

這種思想到了二次世界大戰以後就使各國政府紛紛採行低廉貨幣政策，以防止戰後經濟的衰退。但是由於市場對於維持利率不變的壓力日益增大，各國中央銀行已不可能釘住利率於不降，於是這種政策也就失敗了。戰後世界所出現的不是當時渲染已久的經濟蕭條，而是通貨膨脹。這樣的後果自然引起一場巨大的驚異。同時也造成了對貨幣政策有效性之信心的復活。

這種復活也是由於對於貨幣在1929-1933年這段時期所扮演的角色重加評估所促成。因為當時凱恩斯與許多其他經濟學家都相信，在此期間儘管聯邦準備制度已積極推行擴張

性的貨幣政策，但是經濟大蕭條還是發生了。不過，如第十章之所述，根據費利曼與許懷慈的研究，當時美國貨幣當局實際上所推行的是相反的緊縮政策，將貨幣數量減少了三分之一。當時不是沒有人想要借款，並不是「馬不肯飲水」，而是美國中央銀行沒有善盡其職責，結果造成了這場悲劇。所以費利曼認為大緊縮（這是費氏對大蕭條的另一稱謂）是貨幣政策之有效能的慘痛表現，不是如凱恩斯與其他經濟學家所相信的它已無能為力的證據。

美國這種對貨幣政策有效的信心之恢復，同時也是由於對當時所實施之財政政策成效的失望所加深。公共支出常常不能隨時配合經濟活動的變化而增減，其所能產生的效果必須經歷相當時間，待其果能發生作用，經濟情形卻已變了，結果反而造成新的不穩定。「微調」或「精巧的調節」是一個電子時代的動人名詞，但實際上卻做不到。（注2）

到了1960年代後期，這種對於貨幣政策之有效性的信心是加強了，加強到幾乎與1920年代同等的程度。但這種信心的加強不能過分，貨幣政策固然重要，但它不是萬能的。費氏認為我們與1920年代後期一樣，「已面臨使貨幣政策負荷過重的危機，我們要它達成它所不能達成的任務，結果是使它無法達成它所能達成的任務。」（注3）

為避免這種危機，費利曼認為他首先要強調哪些任務是貨幣政策不能夠達成的，以及以我們現有的知識又如何能將之發揮最佳的貢獻。

二、什麼是貨幣政策不能達成的

在這方面，他提出貨幣政策的兩項缺陷：（一）它不能將利率釘住超過一個非常短暫的時期，（二）它不能將失業率釘住超過一個非常短暫的時期。他之所以指出這兩項缺陷，是因為許多人都持相反的看法，因為它們正是常為人所交付貨幣政策所不能完成的主要任務，也是因為同樣的理論分析正可以使用於這兩項任務。現可分別加以說明如下。

（一）貨幣政策無法釘住利率

費利曼認為上述之低廉貨幣政策的失敗並不是一件孤立的獨特事例，而是揭示經濟當局要將利率（或其他任何價格）釘住高於或低於市場水準超過一段時間之普遍的無能為力。雖然擴張的貨幣政策可以抑制利率之上漲於一時，但它不能將之長期釘住。現可將其理由略加發揮。

貨幣當局要減低利率自可向市場購買債券。這樣就可使債券的價格上漲，而減少它的收益，但這一過程亦增加了銀行可獲得的準備以從事信用膨脹，結果自可使貨幣數量大量增加。這就是何以中央銀行以及一般金融界人士相信，貨幣數量之增加可以導致利率降低的原因。同時，經濟學家亦認為這的確是事實，因為在他們的腦海中存在著一條斜率為負的流動性偏好曲線，從這一曲線中亦的確可以看到只有降低利率才會使人願意增加保留現金的數量。但這是初期的現

象。這種貨幣的增加自會刺激支出的增加，而一人之支出即為他人之所得。這樣各人所得增加後，自會增加對於流動性的偏好以及對於借款的需要。這同時也可能會引起物價的上漲。結果就使實質的貨幣數量減少，增加利率上漲的壓力，初期發生的利率下降現象就消逝了。最後如果人們預期物價還會上漲，這時借款者就會願意支付貸款者所要求的較高的利率。這種物價上漲之預期效果是逐漸形成的，同時一旦形成也是逐漸消逝的。

以上所述這些陸續發生的情形就可以解釋，何以貨幣當局每次想要將利率保持在一個較低的水準時，總是會被迫不斷地擴大其從事公開市場的債券購買。這些情形也可能解釋，何以在歷史上高的與上漲的名目利率總是與貨幣數量之快速增加結合在一起，何以低的與下降的利率總是與貨幣數量之緩慢增加結合在一起。實際上，低利率是貨幣政策已是緊縮的象徵，表示貨幣數量緩慢地增加；而高利率則為貨幣政策已是寬鬆的象徵，表示貨幣數量快速地增加。這種普遍的事實就正與一般金融界與經濟學界人士之所認定必會發生的情形完全相反。

基於以上的分析，我們當可瞭解何以貨幣政策不能釘住利率；同時也可瞭解何以利率是一種判斷貨幣政策之「緊」與「寬」的誤導的指標。要從事這種判斷，最好還是看貨幣的變動。（注４）

（二）貨幣政策無法釘住失業率

對於這一問題，費利曼提出一個「自然失業率」（natural rate of unemployment）的概念。這與凱恩斯學派基於菲力浦曲線（Phillips Curve）所提的失業率與通貨膨脹之間保有「抵換」（trade-off）關係的概念是不同的。所謂「菲力浦曲線」是一條表示這種抵換關係的曲線，這是以一個二度空間平面圖中兩條相互垂直的線之間所畫成的一條曲線，以其中之縱軸代表通貨膨脹率，橫軸代表失業率，指出失業率的減低是以通貨膨脹率之增加而達成的，反之亦然（圖形請參見196頁）。費氏自然失業率的理論則表示，任何經濟社會的市場結構都有一個與其符合的均衡失業率，也就是與其中實質工資率結構之均衡相符合的失業率。這一失業率就是自然的失業率，任何想要使市場的失業率減少到這一均衡的自然失業率之下，在短期內可以增加通貨膨脹而達成，但在長期間則必定造成通貨膨脹之不斷增加。換言之，在短期內菲力浦曲線是可以成立的，但在長期間則這一曲線無法存在，而會成為一條與橫軸垂直的線（圖形請參見199頁）。何以如此呢？簡單地說，其原因與貨幣政策之不能釘住利率一樣：立即發生的後果與後期發生的後果並不相同。（注5）現可分析如下：

假定貨幣當局想要將市場的失業率釘住在自然失業率之下，這時它就可推行擴張性的貨幣政策，增加貨幣的供給，以使利率下降而促成總合需要的增加。總合需要既已增加，

廠商自願增加生產，至於對其因而所需之工人自亦願以較高的名目工資加以聘雇。因為在他們看來，這時成本固然增加了，但由於總量需要之增加，製成的物品可以較高的價格出售，這樣實質工資則已減低，自然感到有利。在另一方面，在工人看來，名目工資是增加了，而一般物價則未增加，自無異是實質工資的增加，自然也願意接受聘雇。所以這時這種擴張性政策之推行的確有效，只要物價上漲（通貨膨脹）就可使失業減少，兩者之間的確有「抵換」關係。但這只是初期效果，到了相當時日以後，工人必會體認到物價上漲而自己的工資卻未增加的事實。這時他們必定要求增加名目工資，以使其實質工資不受損失。在這種情形之下，廠商的利潤自然也隨而減少，一直減到原來的水準而後已。既然如此，他們自然也就不會增雇勞工，以增加生產了。於是市場中的失業率亦就恢復到原來的自然失業率。因此，費利曼就說在通貨膨脹率與失業率之間有短暫的抵換關係，沒有永久的抵換關係。（注6）

　　費氏還進一步地說，「為了避免誤解，讓我強調使用『自然』失業率一詞並不是表示它是不可改變的、不會變動的。相反的，許多決定它的水準的市場特性都是『人為』的，都是政策決定的。例如在美國法定的最低工資率……與工會的力量都會使自然失業率比沒有受到這些情況影響時還高。就業交換、工作缺額以及勞工供應之信息的改進等等，就會使自然失業率趨於減低。我使用『自然』這一名詞與魏

克賽爾（Wicksell）使用這一名詞同一理由——想要將發生影響的實際力量與貨幣力量分開。」（注7）但是，儘管如此，許多凱恩斯學派人士還是認為「『自然』一詞有表示『希望達成的』（desirable）意思，主張將之改稱為『非加速通貨膨脹的失業率』（non-accelerating inflation rate of unemployment, NAIRU）。」（注8）

　　從以上所述中可得到一個一般性的結論，「貨幣當局能控制名目的數量——可直接控制它自己負債的數量，在原則上，它能利用這種控制去釘住一個名目上的數量——外匯率、物價水準、名目國民所得水準、貨幣數量，或者釘住一個名目數量的變動率——通貨膨脹或通貨緊縮率、名目國民所得增加或減少率、貨幣數量增加或減少率。它不能利用對名目數量的控制而去釘住一個實質的數量——實質利率、失業率、實質國民所得水準、實質貨幣數量、實質國民所得增加率、或者實質貨幣增加率。」（注9）

三、什麼是貨幣政策能夠做到的

　　貨幣政策不能將這些實質的數量釘住於預定的水準，但是貨幣政策能夠而且實際上也的確對這些實質數量有重大的影響，雖然這些影響不常是可取的，也不是能預測的。當貨幣政策運行順利時，是會對經濟社會中每個份子都發生利益，但當它操作不靈時則會造成很大的傷害。因此我們必須

慎重考慮如何設定貨幣政策所要造成的鵠的，以及如何使之妥善操作。

歷史告訴我們，貨幣政策所能做的第一件也是最重要的事，就是防止貨幣本身成爲經濟波動的根源。例如經濟大蕭條根本就不會發生，如果當時美國貨幣當局能避免觸犯錯誤。就算不幸發生了，也不至於到達如此嚴重的地步。費利曼常引彌爾（John Stuart Mill, 1806-1873）的話，認爲貨幣是一部非常有效率的機器，貨幣當局必須經常將這部機器妥加保養，不然必會產生禍患。

第二件貨幣政策能做的事，是爲整個經濟社會創備一個穩定的環境。如繼續使用彌爾的比喻就是要使這部機器經常上足了油，使之能靈活的運作。如果有了這樣的環境，不管生產者還是消費者，雇主還是員工，都會充分地發揮各自的才能，以促進經濟之穩定發展。

最後，貨幣政策還能抵消其他政策所引起的經濟波動。例如假若政府預算有發生巨大赤字之可能時，貨幣政策就可減少貨幣增加率以節制之。這種措施可能會引起利率暫時的上漲，但是通貨膨脹的加速被抑制之後，在長期間可能使物價與利率都下降。再如當一國經過一次大戰後想要將生產資源從戰時生產轉爲平時生產時，貨幣政策就可提高貨幣增加率，以利這一過程的完成。不過，費利曼特別指出的是，貨幣政策的這種功能非常有限，因爲基本上我們就沒有充分知識能體認到這些波動之發生，或者預測它們所發生的影響，

以及貨幣政策對於這些影響如何設法抵消。（注10）

四、貨幣政策應如何推行

我們已將貨幣政策所能做的說明了，接著要問的是如何能將它推行得妥善？費利曼只想提出兩項基本原則。

第一，貨幣當局應該控制它所能控制的數量。在這裡一般都提出三個項目，認為是貨幣當局可以控制的，這就是外匯率、物價水準與貨幣數量。費氏認為外匯率的控制不是可採行的目標，而應聽其隨世界經濟情勢的演變而變動。物價水準則由於貨幣當局的行動與它之間的關聯，要比貨幣當局之行動與任何一種貨幣總量之間的關聯更為間接，自非貨幣政策所能控制的最好的對象，更何況貨幣當局之行動要影響物價還須經歷相當時間。費氏認為貨幣總量是目前立即可用的最好的貨幣政策的準則。

第二、貨幣當局應避免政策上急劇的轉變。過去貨幣當局有時會朝錯誤方向行進——如費氏常常強調的關於經濟大蕭條的事件。但更時常發生的是，他們已朝著正確方向邁進，只是常常太遲緩了，到後來往往又會走得太遠了。「太遲了」與「過度了」是經常發生的處置。之所以會處置過度，是因為他們不瞭解他們的行動對經濟社會發生影響要經過一段時間。在這種情形之下，他們看到自己的行動還沒有產生效果，就會做出過度的措施。

費氏說：「我自己的對策仍是：貨幣當局要想儘量設法避免所有這些變動，就須公開採取一種可以達成一個特定的貨幣總量之穩定增加率的政策。……我自己曾主張這一增加率大致上要能達成終極產品之價格水準的穩定。根據我的估計，如以通貨加上所有商業銀行的存款爲貨幣數量，則每年平均必須增加3%到5%之間。如以通貨加上活期存款做爲貨幣總量，則其增加率也許可以稍減。」（注11）

從以上的分析中可知這種調整貨幣數量的規則是很可取的。不但如此，費利曼還認爲這種規則的推行還可產生兩種效果，第一是可以增進工商界對於貨幣穩定的信心。這種信心絕不是聽由貨幣當局自行權衡的政策所能促成的，甚至就是它有時也確能保持貨幣數量之穩步增加。（注12）工商界對貨幣穩定有了信心後，自會加強其發揮企業精神之意願，竭盡其才智，以事各種資源之妥善的運用，而產生更爲宏著的效率。

第二是可使聯邦準備制度的地位中立化。他曾這樣說：「一個獨立的聯邦準備制度有時可能太不受政治上的壓力了──如在1930年代的早期，有時則可能受到政治上之過度壓力。……一個貨幣規則就可使貨幣政策同時不受到一小群不由選民約束的人士之專橫力量的影響，也不受到黨派政治的短期壓力。」（注13）這樣聯邦準備制度也就可以放手去完成它所應完成穩定貨幣供應的任務了。

費氏又提出這種規則在技術上可以施行嗎？聯邦準備制

度眞的能控制貨幣數量嗎？他的答案是：「沒有一個認眞研究貨幣的人——不論他的政策主張是什麼——會否認聯邦準備制度有這種能力，如果它想要控制貨幣數量的話。它當然不能一天一天地或一週一週地都能明確保持這一增加率。但是它能一月一月地或一季一季地保持一個非常接近的增加率。」（注14）

最後他還說：「給自己訂定一個穩定而溫和的貨幣增加率，是貨幣當局對於物價膨脹或緊縮之避免的一大貢獻。其他力量仍會影響經濟，需要加以變革與調整，甚至還會扭曲我們處理方法的條理。但是，不變的貨幣增加會形成一種貨幣情勢，有利於企業之諸如機智、發明、勤勞與節儉等等基本力量的有效運行，這些基本力量是經濟成長之眞正的源泉。這是以我們現階段的知識從貨幣政策中所能獲得的最大貢獻，而這許多顯然是我們能夠達到的——這實際上是很多的了。」（注15）

注1： Milton Friedman, "The Role of Monetary Policy", *American Economic Review*, Vol. LVIII, March, 1968, p.1。

注2： 同上注文，p.3。

注3： 同上注文，p.5。

注4： 同上注文，p.6-7。

注5： 同上注文，p.7-8。

注6： 同上注文，pp.9-11。

注7： 同上注文，p.9。

注8： *Two Lucky People*, p.625。

注9： 同注1文，p.11。

注10： 同上注文，pp.12-14。

注11： 同上注文，p.16。

注12： Milton Friedman, "The Case for a Monetary Rule", in *There's No Such Thing as a Free Lunch*, Open Count Publishing Company, La Salle, Illinois, 1975, p.78。

注13： 同上注。

注14： 同上注書，pp.78-79。

注15： 同注1文，p.17。

第十二章　貨幣理論的發展

　　現代貨幣理論的發展可分爲三個階段：一爲原始階段，二爲革命階段，三爲抗拒革命（counter-revolution）階段。

　　原始階段可以說是貨幣數量學說階段，可以美國經濟學家費雪爲代表。革命階段則以1930年代凱恩斯所提出的理論爲代表，可稱爲凱恩斯革命階段。凱氏原本亦爲一位貨幣數量學說的篤信者，所以他這種革命可以說是來自原始理論的內部。抗拒革命階段過去一般都稱之爲芝加哥學派階段，最近則稱之爲唯貨幣主義階段，因爲它重新著重貨幣數量在經濟活動中所肩負的任務，可以費利曼爲代表，可稱爲費利曼的抗拒革命階段。第十章已指出，費氏認爲唯貨幣主義這一名詞不很妥切，但一般都這樣稱了，他也就隨俗了。他並特別指出：「任何一種抗拒革命，不管政治上的或是科學上的，都不會是原始狀態的恢復。它總會產生這樣一種局面，其中有些部分是與原始狀態相似的，但也有些部分顯然是受了當中所發生的革命之強烈的影響。這就唯貨幣主義而論是絕對準確的，因爲它從凱恩斯的著作中所獲之裨益，殊非淺解。的確，我也許可以這樣說，如果凱恩斯今天還活著的話，那麼他無疑地會站在抗拒革命陣營的前哨而奮鬥。這是許多其他人士都這樣說的，因爲其中並無反證。你絕不能從其門徒的言詞中去評斷他們之祖師的。」（注1）

　　現可將各階段所倡導的理論略加說明：

一、原始階段

先以原始階段費雪所揭櫫的貨幣數量學說論，它的精義可就他所提出的 MV=PT 這一方程式來表示，這就是貨幣數量（M）乘以貨幣流通速度（V）等於價格（P）乘以交易數量（T）。根據這種理論，貨幣流通速度是可以視為非常穩定的，其快慢的決定是與該方程式中之其他變數無關的。因此，貨幣數量的變動所發生的影響不是反映於價格上，就是反映於產量上。一般地說，經濟社會上所發生的短期波動就反映出貨幣數量的變動。同時，在任何一般相當長的時期中，物價變動的趨勢也反映出在該一時期中之貨幣數量的情況。於是，一個國家為使其經濟能夠穩定，貨幣政策就成為一個主要工具。這是在凱恩斯革命以前的理論，是為一般人所接受的。凱恩斯於 1923 年所寫的《貨幣改革論》就是以這種理論為張本而寫成的。

二、凱恩斯革命階段

到了 1930 年代，發生了凱恩斯革命，這場革命是因世界經濟大蕭條而引起的。當時許多人士以為貨幣政策已被推行過了，卻於事無補，因而就推論貨幣政策是無效的，至少就其對經濟不景氣的拯救論是如此。為了說明何以增加貨幣供給並不一定會促進經濟擴展，許多人就如我在過去所指出的

提出了一些比喻。例如：「你能將一匹馬引導到水邊，但你不能要牠飲水。」「貨幣政策就像一條繩子，你能將它拉開來，但不能將它推出去。」（注2）

凱恩斯並不否定費雪方程式的存在，但他認為其中的流通速度不是非常穩定的，而是會時常變動。他說如果貨幣增加了，它的流通速度就會減少，結果對於方程式的右端（物價與產量）就不會發生任何影響。同樣的，如果方程式右端的數量增加了，結果也不會引起貨幣數量的增加，而只會使其流通速度增加而已。因此，他認為貨幣數量的重要性並不大，最多不過是其數量的增加可以使利率降低而已。在這裡他就提出他的新理論，認為就經濟波動論，關係重大的不是貨幣數量，而是社會中不受當時所得數量影響的自發性的（autonomous）支出。這所謂自發性的支出主要是指產業界的投資與政府的支出。於是，凱恩斯就漠視了貨幣在謀求經濟穩定過程中所發揮的功能，而認為經濟大蕭條之所以發生乃由於投資需要之減少，而投資需要之減少，則反映於投資機會之稀少上。投資既已減少，一般人之所得自然也減少，這種情形不斷演變下去，經過所謂乘數效果（multiplier effect）的發揮，必定肇致整個經濟的崩潰。既然如此，一個國家要拯救經濟不景氣自不能再依賴貨幣政策，而應轉而運用財政政策，在政府支出與稅收上加以調節，方克有濟。

凱恩斯所提出的這種理論以及由而所孕育出來的政策，到了1940年代後期幾乎深入人心而被一般決策人士奉為圭

臬。其對世界經濟所發生影響之深遠自可想見。（注3）

三、抗拒革命階段

　　正當凱恩斯思想廣爲人們所篤信時，許多事態的發展乃使學術界中許多人士對之發生懷疑。第一項就是第二次世界大戰結束以後各國經濟上所表露的情況。根據凱恩斯理論的分析，當時許多經濟學家以及一般人士都認爲在戰爭結束以後，軍事支出中止了，而投資機會則很稀少，這樣必會肇致經濟的蕭條。爲了防止這種情形的發生，就主張推行低廉貨幣政策，使利率降低，以激發投資與其他支出。但是，事實上，這種悽慘的預測落空了，戰後世界經濟所面臨的不是經濟緊縮，而是通貨膨脹。而這種通貨膨脹之所以日益嚴重，則上述從凱恩斯理論中所導致的低廉貨幣政策可以說是始作俑者。

　　但是，促使一般人對於凱恩斯理論之價值予以重估的最有力的因素，毋寧說是費利曼從其對於美國貨幣史之研究中所提出的一些相反的論據。如第十章之所述，他認爲1930年代美國經濟大蕭條之所以發生並不是由於貨幣政策的無能，而是由於貨幣政策沒有確當的運用。因爲他發現在1929年到1937年間，美國聯邦準備制度將貨幣供給減少了三分之一，這就使經濟蕭條所經歷的時間延長，所受的程度更爲深重。如果當時美國的貨幣當局能善用貨幣政策，增加貨幣的供

給，這場大蕭條是可以緩和，乃至可以避免。當時凱恩斯並不知這段歷史，如果知道了，他可能就不會說貨幣政策無效了。

其次，他從實證研究中還發現凱恩斯認爲貨幣流通速度是可以隨著貨幣數量增加而減緩的說法是錯誤的，他認爲貨幣流通速度反而會加重貨幣數量變動的影響。例如當 1929 年到 1933 年間貨幣供給減少了三分之一時，他發現貨幣流通速度也趨於減低。反之，當貨幣數量急速增加時，流通速度亦增加得很快。由而他就提出一種新理論，認爲貨幣數量的變動與所得的變動之間保持著一種一致性的關係。既然如此，貨幣政策的運用對於所得水準自會發生重大的影響。

最後費氏又從美國經驗中發現一些特殊情況，這就對正統的凱恩斯主義構成了重大的打擊，因爲這些情況都牽涉到兩個主要的問題，一爲究竟貨幣數量的變動是評斷貨幣政策之執行的較佳標準呢？還是利率的變化？凱恩斯學派認爲利率的變化是較佳的標準，但新的發現則認爲利率的變化是一不可靠的標準，貨幣數量才是中央銀行所應關注的。另一涉及的主要問題是要比較財政政策與貨幣政策各自所能發揮之效果的大小，所謂貨幣政策是指貨幣數量的變動而將政府支出與稅收視爲常數。通常是如果政府要推行擴張性的財政政策，它就不課稅而即行支出，這樣所造成之財政赤字就以增加貨幣之發行以彌補之；反之，如果發生財政盈餘，則可將這些貨幣收回。但是從分析的觀點論，必須將財政政策與貨

幣政策分開來考慮。凱恩斯學派認爲以對於所得水準的影響論，財政政策本身就是重要的，不論其所需之經費是由向人民借債而來，還是由增加貨幣之發行而來，其效果都是一樣的。唯貨幣論者則否定這種命題，認爲財政政策本身大部分是無效的，關係重大的是貨幣數量發生什麼變化。因爲如果政府支出所須的經費是由貨幣的發行而來的，這是貨幣政策。如果是從向人民募債而來的，則政府支出是以將錢貸放給政府者之支出的減少爲代價，其對整個經濟的影響就這樣相互抵消了。（注4）

從以上之敘述中，可知在費利曼的心目中凱恩斯革命所引起的問題很多，因而有所謂抗拒革命之議。數十年來他的學術生活可以說都集中於對此問題的研究，那麼其所獲之成果又如何呢？這可在下節說明。

四、唯貨幣主義的主要命題

費利曼認爲他在貨幣理論上揭櫫抗拒革命到1970年止已獲得了下列十一項中心命題：

（一）在貨幣數量的增加率與名目所得（以貨幣現值所表示的所得）的增加率之間乃保有一種雖不明確但很一致的關係。如果貨幣數量大增，名目所得亦會大增；反之亦然。

（二）這種關係之所以不能明白覺察，大部分是因爲貨幣數量增加的變動須經相當長的時間才能影響所得；這一時

間究竟多長，則為一變數。今天所得的增加並不決定於今天貨幣數量的增加，而係決定於過去貨幣數量的增加。

（三）平均地說，一次貨幣數量增加率的變動要在六個月到九個月之後才會引起名目所得之增加率的變動。但這只是一個平均數，並不是每次都如此。不過，這一平均數卻是從許多國家在不同條件下所做之研究中所求得的。這些國家包括日本、印度、以色列與美國。因此這一平均數是相當可以採信的。

（四）名目所得增加率的變動最初都是表現在產量上，很少會在價格上引起變化。如果貨幣增加率減少了，那麼，六個月到九個月以後，名目所得的增加率固然減少了，同時實物產量也會減少，但是，對於價格的上漲率則很少發生影響。只有當實際產量與可以有能力製成的產量之間發生了差額時，價格才會受到下降的壓力。

（五）平均地說，對於價格的影響要在對於所得與產量發生影響六個月到九個月以後才會發生。因此，當貨幣增加上發生變化時，要使它對於通貨膨脹率（也就是價格上漲率）發生影響，則共須經過十二個月到十八個月以後。這就是何以通貨膨脹一旦發生就不能很快抑制的原因。

（六）儘管對於貨幣增加須經相當長的時間之後才會發生影響這種事實已經點破，但這仍不能說貨幣變化與所得變化之間的關係就完全如此，其中仍可能會發生一些不可預測之變動的。

（七）在五年或十年這樣短的期間，貨幣的變化基本上只是影響產量的變化。但如在幾十年這樣長的時間，貨幣增加率的變化主要地就會影響價格的變化了。這時產量的變化就要決定於一些實質的因素：如人民的企業精神、創造能力與努力情形、節儉的習性、產業與政府結構、國際關係等等。

（八）基於以上各點，費利曼乃說通貨膨脹不論在何地發生都是一種貨幣現象。這句話的意思是說通貨膨脹都只有當貨幣數量的增加超過產量時，才會發生。但貨幣數量之增加則有許多原因，其中包括金礦的發現、對政府支出的融資、對私人支出的融資。

（九）政府支出可以是通貨膨脹性的，也可以不是。如果以增加紙幣的發行或者以創造銀行信用的方式而達成的，那麼顯然是通貨膨脹性的。如果它是向人民課稅或商借而獲得資金的，那麼，這時所發生之主要後果是政府使用了這些資金，而不是納稅者或出借者使用了這些資金。財政政策對於國民所得中政府所能使用的數量以及這一數量由何人負擔的決定，關係至為重大。它本身對於通貨膨脹則不重要。

（十）通貨數量的變化如何影響所得的問題是最不易以簡單的方式加以解釋的。一般地說，它最早發生的影響並不反映於所得上，而是反映於當時所存在之資產、債券、股票、房屋以及其他實質資本的價格上。如果貨幣增加了，那麼各人自會增加對於這些資產的購買。這就會使這些資產的

價格上漲，並會使利率下降。利率下降，則會鼓勵人們去製造新的資產，同時也會鼓勵人們去增加對於現存各種勞務的購買。這樣就使貨幣的增加轉而對所得與支出發生了影響。

（十一）在上述這種貨幣增加的變動會引起利率之變動的機能中卻存有一種重要的特性，這就是貨幣之急劇增加的結果，最初是會促使利率趨於下降，但到了後期則反而會促使其上漲。後一現象之所以發生乃由於隨著貨幣的增加，支出固然增加，價格也會上漲，但同時也使對於借款的需要增加，這樣利率自然也就會轉趨上漲了。這就是何以世界上貨幣數量增加得最快的國家，同時也必是利率最高的國家的原因。反之亦然。正因為貨幣與利率之間有這種兩面性的關係，所以費氏就一直堅持貨幣政策是不能以利率做為指標的。

從以上的說明中，我們當可看出在費利曼的心目中，貨幣政策是很重要的，但其所以重要乃在於它對貨幣數量所能發生的影響，而不是在於對於銀行信用或者利率所能發生的影響。同時，我們也可體認到，在他的腦海裡，如果一個國家的貨幣數量發生巨大的變化，那是會肇致經濟不穩定的，所以應該設法避免。

最後他主張為謀求經濟能在穩定中成長，貨幣數量的變動絕不能經由中央銀行視當時情態自行裁決，因為我們目前所有關於貨幣、物價與產量三者之間的關係的知識有限，如聽由一人或少數人之權衡則非常危險。而須事前經人民代表

機構訂定一個相當溫和的貨幣增加率遵照實施。（注5）

　　費利曼發表本文中所引的這些意見時是在1970年，當時凱恩斯主義仍在經濟學上居於主導地位，雖它的態勢已遠不如前了。例如，在1965年12月31日出版的美國《時代週刊》（Time）就曾報導美國總統尼克森曾這樣說：「現在我是一位經濟學上的凱恩斯學派，」同時並報導費利曼也說：「現在我們都是凱恩斯學派。」費氏讀了以後，就寫了一封信給《時代週刊》說明這一引句並不準確。他說據他的記憶是這樣說的：「就一種意義上說，我們現在都是凱恩斯學派；但就另一意義上說，現在沒有一人再是凱恩斯學派。」他又說：「後半句至少與前一句同樣的重要，……第一種意義是修辭上的，第二種意義是實質上的。」（注6）不過，無論如何，當時凱恩斯主義仍有相當影響力是可以確定的。

注1：　Milton Friedman, *The Counter-Revolution in Monetary Theory*, The Institute of Economic Affairs, London, 1970, pp.7-8。

注2：　同上注文，p.11。

注3：　同上注文，pp.12-14。

注4：　同上注文，pp.16-19。

注5：　同上注文，pp.22-28。

注6：　*Two Lucky People*, p.231。

第十三章　通貨膨脹與失業

一、遲來的榮譽，意外的紛擾

　　自從瑞典中央銀行於 1968 年為慶祝其成立三百週年而創設「經濟學諾貝爾紀念獎」（Nobel Memorial Award in Economics）以來，根據費利曼夫人的記憶，其第一屆將歸誰獲獎在經濟學家與經濟新聞記者之間曾有許多推測，在他們的推測名單中，薩繆森與費利曼都是居於前二名。後來發表為挪威的費利希（Ragnar Frisch）與荷蘭的丁勃根所獲，當時曾一度引起驚奇，但不久也就平息了，認為這獎第一屆歸由歐洲人所獲是很合適的。接著第二屆將為誰所獲的推測就不若往日那麼熱烈了，但薩繆森與費利曼仍列為推測名單中之前二名，結果是薩繆森獲得了。費利曼就在他的《新聞週刊》（Newsweek）的專欄中說：「這獎頒贈給薩繆森是他許多年來一直從事科學工作所應得的榮譽。」此後五年，費利曼仍被忽略了，這就使她與許多同業人士很明顯地感到其間必定還有除學術之外的因素須待考慮。這樣她就對於「誰會得獎」的問題不再關心了。當 1976 年 11 月 4 日她得到諾貝爾獎委員會由瑞典傳來費利曼是經濟學的得獎者的消息時，她說：「就這一意義論，我的確感到驚奇。」（注 1）

　　這所謂其他因素是指費氏的政治上的偏向。到了 1976 年主持該獎之頒贈的瑞典科學院終於克服了這一難關，而將此獎頒給早已應得的費利曼，這是應該對該院表示崇敬的。但是，出乎意料的，當這一消息宣布以後所引起的迴響卻是惡

劣的。例如，就在這一消息宣布的同一天，有四位過去醫學或生理學的諾貝爾獎得獎者，在《紐約時報》上發表對該會將此獎贈予費利曼的譴責，因為據他們所知，費氏是當時智利獨裁的軍政府之「管制智利經濟之團隊的學術領袖與非正式的顧問。」說到這裡自須將當時智利的政情，以及費利曼之所以被牽涉進去的真相略加說明。

1970年由智利左翼黨派所支持的艾萊特（Salvador Allende）成為總統候選人，結果以獲得38.6%相對多數的選票而成為總統。自此以後，他即儘量設法使智利成為一共產國家，甚為蘇聯所讚賞。到了1973年9月全國發生動亂，當時的軍事領袖皮諾希特將軍（Augusto Pinochet）就發動政變而成為新總統，艾萊特則被暗殺（又一說是自殺）。當時智利經濟幾陷崩潰，於是有一群於1955-1964年間受美國國際發展總署之資助，到芝加哥大學經濟學系進修返國的智利青年，就建議推行市場經濟以圖發展。此項建議即為皮諾希特所採納，這群人士也就在政府之經濟部門居於要津。

費利曼則於1975年3月承其同事哈伯格（Arnold Harberger）之邀，同赴智利參加一個由私人團體所發起的研討會。哈伯格就是早年芝加哥大學處理智利留學生事務的教授，能說流利的西班牙話，並娶了一位智利太太。在此期間費氏曾與智利總統會晤一次，並解答了一些解決智利經濟問題的對策。他在智利一共住了六天，從未擔任經濟顧問。所以，他在答覆《新聞週刊》之讀者函中就表示：「儘管我極

力反對智利的專權政治制度，但我不認為對智利政府提出一些協助其制止通貨膨脹之專業意見是一種罪惡，正如一位醫生對智利政府提出一種協助其制止一場瘟疫之技術性的醫學上的意見不是罪惡一樣。」（注2）

但是，儘管如此，類似的反對費氏之聲仍不絕於耳，到了12月7日在瑞京斯德哥爾摩舉行諾貝爾獎授獎典禮時可謂達到了最高潮。當時情勢非常緊張，以致瑞典當局給每位得獎者都配以專員跟隨左右而事防護。會場中雖經嚴密管制，但於典禮進行中，仍有一位青年突然起立高呼「打倒資本主義！智利自由萬歲！」到了晚宴時，場外竟有三、四千人遊行抗議。這是自有諾貝爾獎舉行頒獎典禮以來所未見的。不過，當各得獎者從事受獎講演時則仍能順利進行。費利曼所講的題目為「通貨膨脹與失業」（Inflation and Unemployment）。（注3）現可將其內容略加轉述如下：

二、社會科學與自然科學

他首先就提到自諾貝爾經濟科學獎創立以來，許多科學家與一般大眾都懷疑將經濟學視為與物理學、化學以及醫學同樣的科學是否確當的問題，這種懷疑現在必定仍然存在。他們認為物理學這類科學是「準確的科學」（exact science），其中是可能有客觀的、累積的、確實的知識。經濟學與其類似的社會科學差不多都視為哲學的一部分，其中一開始就牽

涉到價值判斷，因爲它們都是研究人的行爲的。費利曼則認爲不然。他認爲「這是對社會科學之性質及其可能的發展，與自然科學之性質及其可能發展的一種誤解。在這兩種科學中都沒有『確定的』（certain）眞正知識，而僅是一些暫時的假設（tentative hypothesis），它們永遠無法『證明』，但也不能加以否定。」在這兩者中，實驗有時是可以進行的，有時則不能。在兩者中，沒有一種實驗是完全可以控制的，經驗往往可以提供出一些與控制的實驗所能提供的相等的證據。

「當然，不同的科學研究不同的事物，有不同的來源找到證據，有不同的最有用的分析技術，對於所研究之現象所提出之預測有不同的成績。但這種不同在物理學、生物學、醫學與氣象學中所存在的不比經濟學中所存在的少，甚至就是要將價值判斷與科學判斷加以分離的困難問題，也不是社會科學中所獨有的，自然科學中也仍不可避免。」（注4）

接著費利曼就引了他的老師密契爾說的一段讓他印象最深的話。密氏說不論學者對他所持的價值如何的相信，並且還想極力促其實現，他還是要追求一種沒有價值判斷的科學，其基本原因是在於爲了達成這一目的必須提出一套可以達成這一目的的措施，而這套措施究竟能否完成其任務，則須有實證的科學知識，因爲這種科學知識才能預測這套措施將來可能產生的後果。費利曼認爲這段話對於經濟學特別重要，今天世界上許多國家都遭遇到對整個社會具有破壞性的通貨膨脹、反常的眾多失業、錯誤的資源運用，有時甚至個

人自由的喪失。這種情形的產生不是因為惡人故意操作的結果，也不是因為公民所持之意識型態的差異，而是因為對政府的措施所造成的後果有謬誤的判斷。這些謬誤至少在原則上是能經實證的經濟科學之進步而加以改正的。

為了說明這些見解，他不再以抽象方式來討論（他早年曾寫了一篇「實證經濟學的方法論」的文章，見本書第六章），而舉出二次世界大戰後這段時期中為經濟學家討論最多的一個經濟問題做為實例來加以解釋，這就是通貨膨脹與失業之間的關係。這一問題是一個很好的例證，因為它在這一時期一直是一個紛爭性的政治問題，而在經濟學界對這一問題的見解又在這一時期發生了一些廣為一般所接受的急劇變化，這些變化之所以產生，基本上是由於對事實的反應與原來暫時接受的假設不相符合所致——很顯然的，這是一種對科學性之假設從事修改的經典程序。（注5）現在就將這些修正略加敘述。

三、第一階段：負斜率的菲力浦曲線

戰後最初對於這一問題的看法是認為兩者之間所存在的是一種反向關係，要求失業的減少必定會引起通貨膨脹的增加；反之，要減少通貨膨脹則必須增加失業。這就是著名的菲力浦曲線圖中的一條負斜率的曲線所表示的意義。菲力浦（A. W. Phillips）原來是要求出失業水準與工資率的變動關

係，後來一般都將工資率的變動轉變成爲通貨膨脹率的變動，這種轉變只要知道勞動生產力之每年平均增加率，就可將之從工資率中減去而成。例如假定勞動生產力每年平均增加2％，再假定工資每年平均增加率爲6％，那麼通貨膨脹率就是4％。由此可見，通貨膨脹與失業之間有一種「抵換」關係。現可將這一般常用的菲力浦曲線圖表示如圖13-1。

　　圖中之PC即爲菲力浦曲線。如果通貨膨脹率是零，那麼就須忍受 U_O 的失業率，如要減少失業率到 U_L 就須忍受通貨膨脹A，如果失業率爲 U_H，則須從事通貨緊縮。

　　正如在任何一種科學一樣，只要事實的表現似乎與假設中所示的情況一致時，這一假設就能爲一般人所接受，儘管

圖13-1：簡單的菲力浦曲線

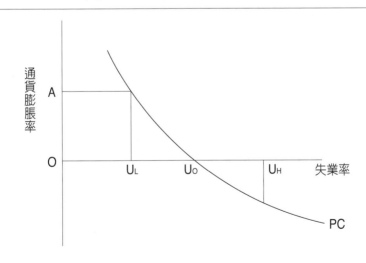

其中仍有少數人不以為然。但是，到了1950年代轉入1960年以後，事實的顯示就使許多人感到很難再接受這種假設，要使失業水準維持在低的水準，似乎須加速通貨膨脹。換言之，通貨膨脹的增加已不能使失業減少，而且還會使之增加，這樣就產生了一種「停滯膨脹」（stagflation）的現象，有些人曾設法提出一些特殊的因素，例如，工會力量的增強來維護這種假設。但是，事實的表現仍無法支持這些理由。於是，費利曼就提出另一種假設來加以解釋，這就使一般對通貨膨脹與失業之間的看法進入了第二個階段。（注6）

四、第二階段：自然失業率的假設

費氏所提新理論為自然失業率假設（natural rate hypothesis），現可略加說明。他認為在經濟變化中出乎意料之外的「驚奇」因素非常重要，也就是實際變化的數量與預期變化的數量之差異非常重要。例如假若原來處於穩定的局勢，總合的名目需要突然增加了，這對於生產者言是一種對其產品需要之出乎意外的增加，自會設法增加生產，俾能以較高的價格出售而獲利。這時對他們所需增僱的工人亦會以較高名目工資支付，以廣招徠。因為在他們看來，這時所付的名目工資固然增加了，但將來製成之產品卻可以較高價格出售，所以他們負擔的實質工資並未增加。

在另一方面，對工人言則情形又有不同。他們所關心的

不是他們所獲工資之對他們所製造之物品的購買力，而是對
於他們所需要的一般物品的購買力。他們與他們的雇主都可
能對於一般物品之價格變動的體認，不若對於自己所製造物
品之價格變動的體認這樣快，因為要瞭解其他物品之價格變
動情形是要花相當時間的。結果是名目工資的增加在工人看
來可能是實質工資的增加，因而願意增加勞動的供給。同時
在雇主看來則這種增加是實質工資的減少，由而願意對勞工
多多雇用。由此可見，這時名目工資的增加（通貨膨脹）自
可使失業減少，兩者之間確為上述之菲利浦曲線之所示，是
有抵換關係。

　　但是，這種情形卻不能持久，只是暫時的。因為這種總
合名目需要與物價之增加情形一旦持續下去，大家就會認清
事實的真相而會在觀念上加以調整。這樣當初發生的效果就
要消逝了，最後就業的情形就會回復到這種總合名目需要沒
有發生時的狀態。這種情形可以圖13-2（見199頁）來表
示。

　　其中每條負斜率的曲線就是上述的菲力浦曲線。先從E
點說起，這時通貨膨脹率為A。後來通貨膨脹率突然從A增
為B，這時失業率就從E點的U_N沿與A相配合之PC_1移動而
減為F點的U_L。後經將這種突然發生的非預期的意外的通貨
膨脹（unanticipated inflation）所引起的變動加以實際體認
後，這條與A相配合的短期曲線PC_1就上移，最後到達另一
與B相配合的短期曲線PC_2。這時失業就逐漸從F移到G，是

圖 13-2 ：將預期調整後的菲力浦曲線

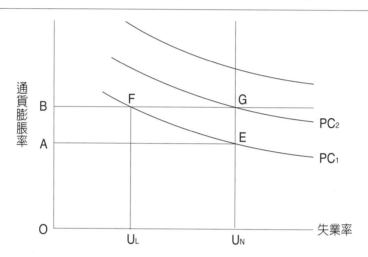

增加了。

　　這一分析自然是太簡化了，但卻能反映出一些要點：對事態變動關係重大的不是通貨膨脹本身，而是非預期的通貨膨脹。在通貨膨脹與失業之間並沒有穩定的抵換關係，其中有一自然失業率 U_N，它與市場的實質力量相符合，失業可以保持在低於這一水準，只要加速通貨膨脹；或者高於這一水準，只要加速通貨緊縮。其中一條與 U_N 垂直的線就是長期的將預期加以調整之後的菲力浦曲線。

　　費利曼說：「我所介紹的這一自然失業率，不是一個常數，而是取決於市場中除貨幣因素之外的實質力量──勞動市場的效率、競爭或壟斷的程度、參與各種職業的障礙與鼓

勵等等。」這一「自然率」或「經將預期調整後（expecta-tions-adjusted）的假設已爲經濟學家所接受，雖然不是普遍的。近年來對此問題仍有許多研究分別在進行中，希望能有更多的收穫。（注7）

五、第三階段：正斜率的菲力浦曲線？

雖然第二階段的情形還沒有探究完峻，事態的發表卻已促成第三階段的來臨。最近幾年較高的通貨膨脹所帶來的不是較低的失業，而是較高的失業，特別在所歷時間的長短已不是一、兩年，而且要經過好幾年。以簡單的菲力浦曲線將這種情形加以圖解，既不是負斜率的，也不是垂直的，而是正斜率的。換句話說，這種情形已不是停滯膨脹，而是蕭條膨脹（slumpflation）。第三階段就是要針對這種實際的現象加以探討。要這樣做，費利曼認爲應該將其中之經濟實況與政治發展的相互關係包括進來，一併加以分析。至少對其中的有些政治現象不能視爲外生變數（exogenous variable），而應視爲由經濟事態之影響而決定的內生變數（endogenous variable）。（注8）

接著他就提出一種暫時的假設，認爲這種通貨膨脹與失業之間有正向關係的現象還是可以將上述自然率假設略加引伸而加以解釋。正如自然率假設解釋簡單的菲力浦曲線之負斜率，只是在短期間出現的暫時（tentative）現象，待其中有

關人士將他們的預期針對實際發生的情形加以調整以後，這種現象就會消逝一樣，正斜率的菲力浦曲線也是一種在較長期間出現的過渡（transitional）現象，待其中有關人士不但依據新的實情將他們預期加以調整，而且還要將他們所做的制度上與政治上的措置也加以調整以後，這種現象也會消逝。一旦這種調整工作完成以後，他相信正如自然率假設所提示，失業率大致上不會再受通貨膨脹之平均率的影響而有任何的變動。（注9）

最近這種高度通貨膨脹與高度失業連結在一起的現象，可能是反映出諸如石油價格危機這類事件之共同影響，或者其他一些足以促成兩者同時增加的獨立力量所促成。這些在一國是重要的因素與在另一國是次要的因素，都可能是處於過渡時期，這一時期則不是以一年來計算，而是以五年或十年來計算。在此期間，一般大眾還不能改變他們的態度與他們的制度以適應，而且其波動性還會日趨增大。在這種情形之下，政府也必會擴大其對物價訂定的干預，這種通貨膨脹之變動的不斷增加，與相對價格脫離市場力量原訂價格之程度日益擴大的同時發生，就使整個經濟機體之效率減低，使市場中之摩擦增強，最後很可能會引起失業率的增高。

這種情況自不能持續很久，它不是變爲惡性通貨膨脹與引起激烈的變動，或者成爲長期通貨膨脹的狀態，或者政府會採取政策使通貨膨脹率減低，對市場決定之物價干預減少。

討論到這裡，費利曼就總結地說：「我已將科學理論如何修正的完全標準的故事說明了，而這一故事是有深遠之重要性的。政府對於通貨膨脹與失業的政策一直是政治紛爭的中心。意識型態的爭論一直在這些問題中熱烈地進行。但是經濟理論上所發生之激烈的變化從來不是意識型態紛爭的結果，它不是從不同的政治信念或目的中產生的。它幾乎完全是出於對實際事件之力量的反應，粗陋的經驗要比最強烈的政治的或意識型態上的偏好強大得多。」（注10）

六、通貨膨脹的起因與消除

在另一方面，為了增加一般人對於通貨膨脹的瞭解，他還寫了一篇「通貨膨脹的起因與消除」（The Cause and Cure of Inflation）的文章（注11），現也可將其中的要點加以敘述。

（一）起因：貨幣增加超過貨物增加

首先他指出所謂通貨膨脹是物價水準持續上漲的過程。如果貨幣增加，物品亦同速增加，物價當會穩定；有時物價甚至還會逐漸下降，因為人們所賺的所得多了，自會多留一些以貨幣來保存的財富。通貨膨脹是當貨幣增加的速度超過物品增加的速度相當多時發生的，貨幣數量增加速度愈快，通貨膨脹率也就增加得愈大，這是經濟學上的一個牢不可破

的論據。

　　物品產量是受所能運用之物質資源與人力資源以及使用這些資源的知識與技術之限制的，它最多只能逐漸增加。以美國論，在過去一百年間每年平均產量的增加只有3%。就以二次世界大戰以後的日本論，其在成長最快的時期每年平均產量的增加也只有10%。但貨幣的發行則不受任何限制，因為今天各國的貨幣都是用紙印成的，要印多少，就有多少。由此可見，產量的增加比起貨幣的增加實在是微不足道。因此，費利曼就常說，不論何時何地，通貨膨脹總是一種貨幣現象，而在現代世界則為一種印刷機現象。（注12）

　　今天各國的貨幣固然都是紙印成的，但享有這種特權的卻只有政府。具體地說，是代表政府的中央銀行。所以，貨幣數量完全是政府決定的，如其增加過多以致形成通貨膨脹，則其責任就完全落在政府身上。但是，沒有一個政府願意承擔這種責任，願意承認自己是造成通貨膨脹的禍首，於是就有許多說詞的提出，為之解脫。現可略加說明。（注13）

　　第一、工會就常被視為應對通貨膨脹負責，因為它們常以其壟斷力量強迫資方提高工資。這樣物品之製造成本就增加了，最後必引起物價上漲。但是，日本的工會力量並不大，巴西工會常受政府控制，而英國的工會力量則很大，美國與德國也不小，何以這些國家都發生通貨膨脹？工會也許為它們的會員提供了許多切需的服務，同時，它們也許會使

其會員喪失許多工作機會，而給他們帶來重大的傷害。但它們卻不能創造通貨膨脹。至於工資之增加超過了生產力，則爲通貨膨脹所產生的結果。不是它產生的原因。

第二、商人的貪婪也常被視爲原因之一，因爲物價的上漲往往是他們哄抬而成的。但是，很顯然的，通貨膨脹嚴重國家的商人絕不比通貨膨脹輕微國家的商人更貪婪。同時，發生通貨膨脹時的商人也絕不比不發生通貨膨脹時的商人更貪婪。

第三、許多人認爲通貨膨脹是從國外輸入的。這在過去推行金本位時代是對的，那時各主要國家都用黃金做爲貨幣，只要一國的貨幣數量增加了，自然會使其他各國的也增加。那時的通貨膨脹的確是一種國際現象。但現在顯然不對了。如果如此，那麼，何以各國之間通貨膨脹率的差異是如此之大？日本與英國在1970年代早期的通貨膨脹都高達30%，而美國則只有10%，德國只有5%。

第四、生產力低也常被視爲通貨膨脹的原因，但是，1960年代與1970年代之間，巴西的生產力成長率是世界上增加得最快的國家之一，而它的通貨膨脹率也是世界上最快的國家之一。從長期看來，一國要增進經濟福利自沒有比促成生產力之增加更爲重要的了。如果每年生產力能按3.5%增長，則二十年後產量就可增加一倍；如能按5%增長，則只要十四年就可增加一倍。可見生產力之增加的重要性。但就對通貨膨脹的影響而論，它所能發揮的力量則遠不若貨幣。

第五、「石油輸出國家組織」（Organization of Petroleum Exporting Countries）對通貨膨脹的影響又如何？有些國家一提到通貨膨脹時就會提出它是元凶。當然，這一組織於1970年代時曾將輸出之油價急劇上漲，自會使世界各國的生產成本大量增加。這時許多國家就須減少自己所能享用的貨物而行輸出，俾能償付油價。國內可供使用的資財既已減少，自會促使物價水準的上升。但這是一次上升而已，不會對通貨膨脹率發生長期的影響。在1973年以後的五年，德國與日本的通貨膨脹率都逐漸下降。德國從每年7%減到不及5%，日本則從每年30%以上降到5%以下。美國則於油價驟漲一年以後，通貨膨脹率高達12%，到1976年減為5%，然後又逐漸上升，到1979年又升到13%以上。我們知道，油價的急劇上漲是各國都同樣忍受的，那麼何以各國的情形又如此之不同？德國與日本都是完全依賴國外輸入石油的，但它們在緩和通貨膨脹上所表現的成績則勝過美國與英國，而美國所依賴國外輸入之石油只有50%，英國則已為主要的產油國家。

從以上所述中，我們可重複一句，通貨膨脹基本上是一種貨幣現象，是由於貨幣數量之增加超過產量之增加所造成的。許多現象可以促使通貨膨脹率之短暫的變動，但要它們能對通貨膨脹發生久遠的影響，則只有當它們能對貨幣增加率發生影響時才有可能。

（二）貨幣增加的根源

那麼，貨幣數量又何以會增加到超過生產量之增加呢？這基本上就是由於政府支出的增加。政府支出的增加如能以增加課稅與向大眾洽借的方式來支持，自不會引起貨幣數量增加與通貨膨脹。因為這時政府支出固然增加了，人民的支出則須相對地減少，兩者相互抵消，自不會促成物價水準的上漲。但是，課稅不是人民所歡迎的，許多人也許希望政府增加支出，但很少人會贊成增加賦稅。同時，舉債也不是人民所歡迎的，因為這樣他們自己的儲蓄就不能用來投資，而要用來支持政府的赤字，他們認為這是不正當的。處在這種情形之下，政府就只有增加貨幣數量來支應自己的支出。結果是整個國家之總合支出增加了，而貨物的數量則未增加，通貨膨脹又豈能避免？（注14）

現在還可進一步說明政府採取增加貨幣數量來籌款以後自可增加其收入，這可分三方面來說明：

第一、政府手中的貨幣就多了。這樣自可使它去做它所想做的工作。譬如政府決定要開一條公路，它就可以用這些新印的紙幣去支付一切的費用。結果路是築成了，所有參加築路的人也都有了所得，大家也就都可運用這些所得去從事消費。所以，這好像是無中生有似的，非常神妙。但是，這又怎麼可能呢？究竟是誰負擔這些費用呢？答案是所有收受這些貨幣的人。當政府使用這些新印的貨幣去聘僱人員，要他們不從事其他工作而去築路時，它就須提高他們的待遇以

及其他所需物品的價格。這些上漲的物價就由這些新增貨幣不斷使用而維持下去。物價既上漲了，自無異各人身邊之貨幣的購買力減少了，這時為使其所保有之貨幣的購買力得以保持，自唯有減少支出，增加其所保有的貨幣數量。由此可見，這些新印的貨幣無異就是對各人所保持的貨幣課稅。如果新增貨幣使物價上漲了1％，那麼，實際上，也就是對貨幣保有者課徵1％的稅。

第二、賦稅收入意外增加了。通貨膨脹之後使個人與各公司的名目所得都增加了。於是其繳稅所須按照的稅率就提高了，因為這些稅的稅率都是累進的，結果政府在這方面所收到的賦稅也隨而增加，儘管整個賦稅制度並無改變。

第三、公債負擔減少了。公債發行時並沒有將通貨膨脹因素預先計入，這樣過了相當時日後，其實質負擔也就隨通貨膨脹之進行而減少。唯其如此，儘管公債的數量以貨幣來表示是一年一年地增加，但以貨幣的購買力來表示，其增加的數量則不若前者之大，有時其在國民生產毛額中所占的比率甚至反而減少。（注15）

（三）消除之道在減少政府支出

通貨膨脹既然是由貨幣供給增加過多而形成的，那麼，如要制止通貨膨脹自然也只要減少貨幣供給的增加率就可以了。所以方法是很簡單的，只是真正做起來則會發生許多困難，其癥結所在就是一般政府往往缺乏採取這種措施的政治

意願。其所以如此大概有兩個原因：

第一、儘管通貨膨脹是由政府所引發的，但追根究柢，政府還是可以不必負責，而可歸咎於民。我們知道，今天一般人大都贊成政府增加支出，因為這樣對於他們有利，但是在另一方面則很少不反對增加課稅的，因為這會增加他們的負擔。在這種大家都想「白吃午餐」的心態之下，政府如仍想迎合民意而行增加支出，則不從事增加貨幣供給又有何其他辦法？因此，要政府真能採取制止通貨膨脹自唯有大多數人都已能領悟其為害時，方能進行。一般人如無此體認，則時機尚未成熟，不可輕舉妄動。

第二、當通貨膨脹發生的初期，政府中的決策人士往往會認為這是暫時的現象，不久就會消逝，自可不必採取任何行動。但待曠日持久以後，則又怕採取緊縮措施會引起失業的增加而不敢有所行動。這樣就使問題益趨嚴重。

不待言，發生失業是痛苦的，是須避免的。但問題是，要制止通貨膨脹能不發生失業嗎？讓通貨膨脹繼續下去能避免失業嗎？答案是否定的，現可略加分析。（注16）

現在先說通貨膨脹。當貨幣增加的初期，貨物的出售者不能區分這種以新貨幣來支付的支出與其他的支出有何不同。例如，當零售商發現自己可以多銷商品時，其初步的反應自然是多從批發商進一些貨，批發商接著也向製造商多訂一些貨，一直到最後的生產者都如此反應。如果這時對貨物之需要的增加是以對其他貨品需要的減少為代價的，則一批

貨品之需要的增加就有另一批貨品需要的減少。這樣前者之漲價自可以後者之跌價所抵銷，平均價格當無變動。但是，若這時需要之增加是由新印貨幣來支付的，這樣其他貨品之需要都可同時增加。這樣社會全部支出就增加了。零售商卻不知這種情形，他還是會以原價銷售，等到銷售罄盡仍會向批發商多進貨，但是，這批訂貨的增加卻沒有其他訂貨的減少來抵銷。由於訂貨增加了，自會引起勞工與原料需要的增加，俾能製成貨品，以資供應。這時工人與原料商的反應也與上述的零售商一樣，多延長工作時間，多生產一些原料，並且提高一些價格，因為他們以為對於自己之貨品與勞務的需要是增加的，但是，這時卻無其他貨物需要的減少來抵銷。這些貨品之漲價也就沒有其他貨品之跌價來抵銷。

這種情形在通貨膨脹的初期是不易看出的。在一個動態的社會，貨物的價格本來就是有漲有跌的，並不足為奇，但一般人並不能看出這時是貨物需要之普遍的增加，並不是某一貨物之相對需要的增加。這就是何以貨幣數量增加之初期只是經濟繁榮、就業增多的原因。但是，不久以後，這種情形就被識破，這時，工人、製造商與零售商就都發覺自己被騙了。他們過去以為需要增加是專對他們自己銷售的貨物的，實際上並不是如此，而是所有需要之普遍的增加。於是他們就將物價與工資更為提高，不但用來反應自己貨物需要的增加，並且也反應他們所購買物品之需要的增加，於是整個經濟就步上物價與工資互相競漲的途徑，這就是通貨膨脹

的結果，不是它的原因。如果貨幣增加不再加速，這時工資與物價的上漲就不再刺激生產與就業的增加，而是相反的促成生產之減少與失業的增多，初期的興奮就為後來的哀傷所替代。這就是通貨膨脹最後必定導致失業的原因。這時如心有不甘仍想消除失業，則只有再加速通貨膨脹，於是上述的歷程又再重演，結果只是肇致更多的失業。

那麼，相反的，減少貨幣的成長又如何呢？這種歷程就朝相反的方向發展，當貨幣供給減少了，支出自然就減少，這在初期一般都認為這是對某些貨物之需要的減少，過了一段時間就會引起這些貨物之減產，就業也就減少了。所以，初期的反應是不良的，但再過一段時間，通貨膨脹就會緩和下來，整個價格機能也就能恢復正常，接著就業與產量也就會增加。

我們知道，一般都認為通貨膨脹與失業是可以替換的，我們不是面臨更高的通貨膨脹，就是遭受更多的失業；我們如要制止通貨膨脹就須長期忍受經濟成長的遲緩與失業的不斷增多。但從以上的分析中，當可看出這種二分法是不對的。在長期間真正的選擇是忍受高度的通貨膨脹之後所肇致之高度的失業，還是忍受短期失業以制止通貨膨脹的再現；也就是日後之大量的失業，還是目前之少量的失業。（注17）

注 1 ： *Two Lucky People*, pp.444-445。

注 2 ： 同上注書，pp.596-597。

注 3 ： 同上注書，pp.446-453。

注 4 ： Milton Friedman, "Inflation and Unemployment", *Journal of Political Economy*, vol. 85, no. 3, Jan. 1977, pp.451-452。

注 5 ： 同上注文，p.453。

注 6 ： 同上注文，pp.454-456。

注 7 ： 同上注文，pp.456-459。

注 8 ： 同上注文，pp.459-460。

注 9 ： 同上注文，p.464。

注 10： 同上注文，p.470。

注 11： 此文早發表於他與他夫人合著的《自由的選擇》（*Free to Choose*）一書中，後經略加修改再刊於他的 *Money Mischief* (New York: Harcourt Brace Jovanovich, Publishers, 1992), Chapter 8。

注 12： 同上注書，p.193。

注 13： 同上注書，pp.202-204。

注 14： 同上注書，p.205。

注 15： 同上注書，pp.219-223。

注 16： 同上注書，pp.210-212。

注 17： 同上注書，p.233。

第十四章　費利曼對凱恩斯的評價

一、早期對於凱恩斯著作的體識

費利曼第一次讀到凱恩斯的著作，應該是他在 1932 年進入芝加哥大學經濟研究所進修的時候。當時他選修了一門由閔滋教授所開的貨幣理論的課，其中就指定凱恩斯 1923 年所寫的《貨幣改革論》與 1930 年出版的《貨幣論》二書為參考讀物。一年後他轉入哥倫比亞大學主要是為了要修習當時權威學者郝泰林的數理統計學。但同時也上了該校安奇爾（James Angell）教授所開的貨幣理論的課，在該課中必再讀過凱恩斯的著作。如此度過一學年後，再回到芝加哥大學充當舒爾茲教授的研究助理，同時亦設法完成博士學位所需經過的考試。在此期間，他沒有直接再讀到任何凱恩斯的著作，但亦不時從奈特、沙門斯與范納諸教授口中，聽到他們對凱恩斯的見解不滿的言詞。到了 1935 年秋天，他的研究助理的一年聘約屆滿了，由於經濟困難不能繼續留校撰寫博士論文而必須另找工作。結果就經他的摯友華萊士的介紹到華府服務。這在第二章中已提過了。

到了 1936 年凱恩斯的巨著《就業、利息與貨幣的一般理論》（此書以後簡稱《一般理論》）出版了，立即在美國學術界激起熱烈的反應，尤其是哈佛大學，在韓森教授的講述之下，儼然繼英國之後成為凱恩斯革命的美國基地。這對於意旨相近、早已推行的羅斯福總統「新政」自然增強了它的理論基礎。許多人說羅斯福的「新政」是受凱恩斯的影響而掀

起的，實際上是不正確的。這只要讀到凱恩斯因看到羅斯福在轟轟烈烈地推行新政而感到非常興奮，乃於 1933 年 12 月 31 日給他寫了一封公開信，刊載於《紐約時報》，對他的新政備加贊許而祝他成功這回事，就可知道羅氏之「新政」完全是他自己看到當時美國經濟情勢的惡劣而主張推行的。不過，當時華府許多官員紛紛前往哈佛去聽韓森教授的課，則為事實。（注 1）這樣自然也就增強凱恩斯理論在華府的影響力。不但如此，正如上面所說，一場凱恩斯革命已在美國掀起，凱恩斯理論已成為當時的顯學。在這種情形之下，費利曼對於《一般理論》的要旨自然也有所領略，而且還會在無形之中受到它的影響。對於這一點他自己也承認了。這是當他在 1941 年開始在美國財政部服務時，要寫一篇關於「通貨膨脹缺口」的報告，竟將造成通貨膨脹的主要因素 —— 貨幣完全忽視了。這種錯誤之造成，他自己就說是受了當時經濟思想上流行的凱恩斯的觀點的影響。（注 2）這在第三章中已提過了。

二、對《一般理論》的理解

但他對凱恩斯之理論體系有真正深入體識，是在 1946 年回到芝加哥大學擔任副教授以後的事。更重要的是，他在 1948 年接受國民經濟研究院研究部主任柏恩斯之聘接替密契爾，繼續關於貨幣在經濟景氣循環中的作用這一部分的研究

工作。唯其如此，他乃於1953年在芝加哥大學成立「貨幣與銀行工作室」。十年後他又從原來專教的價格理論轉教貨幣理論，這樣也就更使他一生的教學與研究永遠與貨幣理論分不開了。（注3）同時，也由於這一原因，使他更需對凱恩斯的理論體系有確切的理解。這就無怪於1983年當《經濟學人》雜誌（_Economist_）邀他為紀念凱恩斯百年冥誕所寫的文章中一開始就這樣寫：

「幾年前當我答覆有些對我著作的批評，認為大部分都是來自凱恩斯的觀點時，我就這樣說：撰寫這篇覆文的一種收穫就是必須對（凱恩斯）之較早的著作，特別是《一般理論》加以重讀。《一般理論》是一部偉大的書籍，立即使人感到李喬和風（Axel Leijonhufvad）所區分的『凱恩斯的經濟學』（economics of Keynes）要比他另外所謂的『凱恩斯學派的經濟學』（Keynesian economics）質樸得多，精深得多。（注4）我相信凱恩斯理論正是一種簡明的、集中於少數幾個主要變數、並富有獲得成果之可能性的理論。我沒有接受它，不是基於上述的因素，而是因為我相信它已被事實所否定。它的預測沒有被經驗所證實，這種失敗顯示它沒有『真實地』將短期變化中的一些主要因素找尋出來。

「《一般理論》的淵博是在於其應用凱恩斯的假設於範圍廣泛之問題的分析，在於其對現代經濟之運作，特別是散布於全書的資本市場之運作的解釋，以及凱恩斯對於他的前輩所提出之理論的明智而尖銳的批評。這些就給他的理論之赤

裸的骨架罩上一件經濟理論的外衣，這才是他之偉大的眞實標幟。

「重讀了《一般理論》不但加強我對自己那篇論文中（關於凱恩斯對數量學說之挑戰）之論斷正確的信心，而且，更重要的，還使我再度體認到凱恩斯是怎樣偉大的一位經濟學家，使我對於他的研究方法與目的的同情要超過許多他的後繼者。」（注5）

接著他又說：「雖然《一般理論》是一本偉大的書籍，但我認爲不是凱恩斯最好的著作，因爲，很明顯的，儘管它的文采燦麗，它所引起的是一場失敗的試驗。不過，就算《一般理論》沒有寫出，凱恩斯還是應該被視爲歷史上一位偉大的經濟學家，他的大名應該與亞當·斯密、李嘉圖（David Ricardo, 1772-1823）、約翰·彌爾（John Stuart Mill, 1806-1873）、傑逢斯（William Stanley Jevons, 1835-1882）與馬夏爾同列在英國偉大經濟學家的殿堂。」（注6）

三、《貨幣改革論》爲其最佳作品

接著費氏又寫著說：「他最好的一本著作，以我無疑是出於傾慕的淺見論，是他在1923年出版的簡單得多、比較通俗、不很專門的《貨幣改革論》。這本書是受到第一次世界大戰後所發生的通貨膨脹使許多歐洲國家遭受傷害之刺激，同時也受到凱恩斯所謂的關於貨幣改革之『當時在各地流行

的新思想』之啓發而寫成的。」（注7）

費利曼認爲這本書大體上可說是凱恩斯另一本更著名的著作之自然產物，這本著作是1919年出版的《和平的經濟後果》（*Economic Consequences of the Peace*）。這部著作的確非常著名，以致熊彼德（Joseph Alois Schumpeter, 1883-1950）都要說：「凱恩斯就算在科學上沒有一篇作品，只要有了此書，就足以名傳千古了。」（注8）他在該書中曾這樣告訴我們：

「要摧毀社會存在的基礎，沒有一種方法比傷害它的通貨更巧妙、更有效的了。在這一過程中，經濟法則所蘊藏的全部力量，就被運用於破壞方面，其進行的情形是一百萬人中也不會有一人能覺察的。」

這段話凱恩斯認爲是列寧提出的「摧毀資本主義制度之最好的方法」。引他這段話的人非常之多，也包括了費利曼。《貨幣改革論》所要討論的主要就是通貨膨脹問題，其所依據的就是凱恩斯所敬重的恩師馬夏爾所發揮之貨幣數量學說的傳統。凱恩斯在申論馬夏爾之言詞時曾一度指出，「數量學說之不愼審的支持者常犯的錯誤，也許可以局部地解釋，何以這一學說不能普遍地爲人所接受。」在這一討論的過程中，他曾提出一個著名的、常常被人所引的評語：「在長期間我們都逝世了。」他是在怎樣一種情況下推出這一評語呢？這是當時在討論貨幣數量的變動是如何在短期間影響貨幣的流通速度、生產數量與物價，雖然「在長期

間」，其所發生的影響都全部落在物價上。凱恩斯就接著說：「但是這種長期對於當前事務的解決卻不能發生引導的作用，因爲在長期間我們都已死亡了。經濟學家將自己的任務設定得太輕鬆了、太無用了，如同當狂風暴雨襲擊的時分，他們只能告訴我們，當這一風暴過去很久以後，海洋就會再度恢復平靜的。」（注9）

對於凱恩斯這句評語，費利曼發表這樣的意見，「作爲一個將他大部分的專業生活消磨於研究並設法解釋短期風暴的人，我完全同意凱恩斯這一評語的精義。但是他之突然否定『長期』則反映出凱恩斯之性格的一面。凱恩斯在他的思想反應上與他所採的政策立場上常常是敏捷的與變通的，或者機動的。他對『狂風暴雨的時分』的注視要比對平靜時候的密切得多，總是要設法將其政策能適應於風暴的肆虐之際。最好的例證是他於1931年對保護主義之短期的喜愛。當時英國與其他同樣採取金本位制的國家都受到美國貨幣數量減少（正如許懷慈與我在《美國貨幣史》中之所述）而遭遇強烈的通貨緊縮。這時凱恩斯明知英國最好的政策是從事貨幣貶值，但是他鑒於通貨貶值在政治上是不可行的，就正如他在重印『對於財政關稅的建議』（Proposals for a Revenue Tariff）一文中之所述，不顧一切後果地建議推行『一種如果可能與輸出補貼相結合的關稅』── 或者換句話說，一種隱蔽的貶值。正如一般經濟學家所時常發生的一樣，他的政治判斷有高度的缺失。六個月以後，在1931年9月21日英國就

實行貨幣貶值，放棄金本位。在一週之內，凱恩斯於1931年9月28日寫了一封信給《泰晤士報》，說明『現在需要立刻注意的不是關稅，而是通貨問題』。」（注10）

　　接著費利曼又說：「從這件事中可以看出凱恩斯的變通性或者機動性有其優點，也有其缺陷。這使他能立即改變他的意見與建議，以適應變動中的情況，但這同時也顯示他是一位隨機轉變並無定見者，他忽視了短期政策所積聚的影響。在長期間我們都已死亡這一道理，必須與另一與此相關的長期是由許多連續性的短期所累積而成的道理同時加以考慮。凱恩斯的變通性與他的隨機轉變的習性，是與他的精英主義的政治哲學相符合的，在他的觀念中，一個由具有公共精神的知識份子所治理的社會，是會為大眾利益而服務的，同時他們也可能會相信自己具有形成輿論的能力。」（注11）

　　費利曼還舉出另一個性質完全不同的，關於凱恩斯之機動性的例證，是表露於他最後寫出的一篇關於國際貿易的論文中，這篇論文是「美國的國際收支」（The Balance of Payments of the United States），是在他逝世後才發表的。其中曾這樣寫道：「我發覺我自己不是第一次提醒當代經濟學家，在古典學派所傳授的言論中蘊藏著一些非常重要的永久真理。我們今天對於這些真理可能都忽視了，因為我們將它們與另一些若不大加修正就不能接受的理論結合在一起。實際上，其中有一股深厚的力量在操作，對於這種力量我們可稱之為自然力量，或者甚至稱之為一隻不可見的手，在導引

社會步上均衡的境界。」（注12）後來接著他又寫道，「許多現代主義的想法已經是錯誤的了，而且已變得酸腐與愚蠢的了，卻仍運行於我們的制度之中。」（注13）

費利曼認為，「凱恩斯的生命是如此的短暫，對於英國與世界都是一種悲劇。他是戰後英國唯一的人物，具有威望、學術力量與說服才能，阻止他的門徒將他的思想推演到他要避免的極端的程度，應用於一些原非他所想解釋的完全不同的情況。我總是相信他那篇於逝世後所發表的文章，正指示出他如能多活幾年將會導往的方向。」（注14）對於這一點，海耶克也表示同感，他曾這樣說：「我可以就我自己親身的經驗加以證明，當我最後一次與他（凱恩斯）討論這些（關於通貨膨脹與失業）問題時，他已表露出他對一些與他最接近的同事不斷極力主張信用膨脹表示驚慌。他甚至誠摯地對我保證，如果他這些為1930年代之通貨緊縮所切需的理論會產生危險的影響，他將會立即設法改變輿論，使之步上正確的方向。但是，數週以後他就逝世了，就無法這樣做了。」（注15）

由此可見，當英國的主要問題是失業不是通貨膨脹時，凱恩斯在《和平的經濟後果》與《貨幣改革論》中所表示的對通貨膨脹的關切並沒有消失，只不過是暫時放在腦袋的後面。當第二次世界大戰發生時他就寫出了一本《如何籌措戰費》的小冊子，提出一種強制儲蓄的建議，以防止通貨膨脹這種最壞的籌措辦法的採行。（注16）

四、理論為政策的基礎

費利曼認為凱恩斯雖然是一位偉大的理論家，但他不是為理論而理論，而是要將之用來做為擬訂政策的基礎。在《貨幣改革論》中，凱恩斯為了要說明「價值標準之不穩定的惡劣後果」，就促使他去「研究貨幣與外匯的理論，以奠定在最後總結的幾章中所提出之實際建議的理論基礎。」費氏認為凱恩斯之最原創性的貢獻，是他對於物價穩定與外匯穩定矛盾的重視，他說：「如果國外價格水準不在我們管制之內，我們必須順從我們自己國內物價水準，或者必須順從我們受到國外影響所牽動的外匯。如果國外物價水準不穩定，我們不能同時使我們自己的物價水準與我們的外匯率都穩定時，我們就被迫要做選擇。」（注17）

凱恩斯對於自己的選擇不會有任何疑慮，他會毫不含糊地認定國內物價穩定的重要性要超過外匯率的穩定，同時也肯定地會超過第二次世界大戰之前的金本位制的維持。「實際上，金本位是一種未開化的遺物（barbarous relic），」對於這一問題的看法，費利曼表示他「久已與凱恩斯一致，只是還要將之延伸到將外匯管制做為解除國內與國外物價水準之關聯的方法也包括在內。而且，很明顯的，世界上主要國家的實際政策都已在變動，最後都會邁往同一方向──這不是說都要達到穩定的價格，而是都會接受浮動匯率，同時大部分也會拒絕外匯管制，以維護國內貨幣政策的獨立。」

（注18）

　　接著費利曼還表示，「我與凱恩斯在《貨幣改革論》中所表示之意見不相同的，最後是關於達成穩定物價水準的適當方法。凱恩斯主張管理貨幣與管理外匯率，這也是說貨幣當局（在英國是英格蘭銀行，在美國是聯邦準備制度）『爲了儘可能地維持國內物價水準的穩定，對於通貨與信用的供給，以及爲了在國內與國外物價水準之關係上盡可能地避免短暫的波動，對於外匯的供給都有權衡的管制權力。』他（凱恩斯）相信貨幣當局已有——或可能會有——充足的知識去達成這些目的；同時，也相信如果給它們這種權力，它們是會運用這種權力完成這一任務的。」

　　「將權衡的力量放在賦有公共精神與才能的公務人員手中，是完全符合凱恩斯所持的精英主義的政治哲學。但是同時也須認定的是，當他這樣寫的時候，還沒有經驗或者少有這種經驗可以判斷這一管制貨幣供給的方法實際上是如何推行的。今天的情況則迥然不同，英國自1931年以後，美國自1933年以後，都曾明確地推行過凱氏所倡導的這種制度。同時，在1971年以後，兩國甚至都沒有對這一「未開化的遺物」表達過象徵式的敬意，結果是既沒有使物價達到穩定，也沒有使外匯率達到穩定。貨幣管理時期也已成爲物價與外匯率都較以前任何時期更爲巨大的、更爲普遍的不穩定，僅僅除了緊接在第一次世界大戰結束以後的一般時期，也正是在這一時期激發《貨幣改革論》的寫出。」

　　「不幸的是，所有可以得到的知識（包括《貨幣改革論》）
既沒有適切地使貨幣當局達成凱恩斯的目的，而且反使貨幣
當局受到政治上與制度上的壓力，去運用它們的權力達成完
全不同的任務。我自己的結論是要用一句與克利蒙蘇（注19）
對於戰爭這件事所用的評語相似的話：貨幣這一事物太嚴重
了，不能交付給中央銀行家去處理——這一點或者也可以應
用到經濟學家身上。」

　　以上所有在引號內的文字都是來自費利曼所寫的那篇紀
念凱恩斯百年冥誕的文章第37頁。儘管如此，他接下去還是
要問：如果凱恩斯還活著，看到管理貨幣的這種實際經驗將
會如何反應呢？他說這是不可能判斷的，但「只有一點是可
以確定的，他會根據這種經驗調整他的理論，而提出一套改
變了的政策。這不是對他的天才的歌頌，如果將他專為一些
特定問題所提出的特定建議銘刻在碑石上，表示是可以應用
於所有的時節。」（注20）

五、政治方面的遺產

　　不過，在費氏看來，凱恩斯所留下的遺產除了經濟方
面，還有政治方面。他認為凱恩斯在後一方面所遺下的對今
天的影響要比前一方面的大得很多，特別是對其由而造成今
天政府的擴大，這就會影響其公民之日常生活的每一面向。
（注21）

　　他認為凱恩斯在政治方面的遺產從一封凱氏致海耶克讚賞他所著之《到奴役之路》（*The Road to Serfdom*）的信中就可以看出其內容有二：一為政府之「公共利益」（public interest）的概念，一為「仁慈獨裁制」（benevolent dictatorship）的概念──一個政府如果只是由好人來治理則對全民都有利。（注22）

　　凱恩斯相信經濟學家以及其他人士對於社會改善之最好的貢獻，就是設法如何幫助掌握政權的人提出一些方策，以達成他們想要的達成的目的，然後又如何勸導仁慈的公務人員與由選舉而產生的官員照著推行。至於選民的任務就是在選出具有正確道德價值的人，讓他們去推行全國政務。

　　凱恩斯這見解影響非常巨大，許多經濟學就是要專心致志去從事這種社會工程（social engineering）的工作。（注23）

　　但是費利曼則認為凱氏這種政治遺產所導致的傷害比其經濟遺產所導致的還要大。這有兩個原因：第一，不論應用何種經濟分析，仁慈的獨裁制度可能不久以後都會走上極權社會的道途。第二，凱氏經濟理論所吸引的一般讀者遠超過經濟學家，其基本原因就是由於他們接受凱氏的政治處理的方法。其中有些溫和份子當然不會產生禍患，但其中亦有一些如他致海耶克的那封信中所稱的「他們不是為上帝而服務的，而是為魔鬼而服務的。」（注24）

　　最後費氏還認為他不能結束他對凱恩斯的評價，如果不

將他在經濟學之外的貢獻加以評述。這就是一篇他爲取得他的母校國王學院之院士（fellow）資格，而於 1909 年所寫的稱爲「機率論」（A Treatise on Probability）的論文。這篇論文到 1921 年才出版，費利曼說：「正如許多最近經濟思想重回到《貨幣改革論》中所提出的要旨，最近統計學上的著作也重回到『機率論』中所提出的要旨。統計學上的貝辛革命（Bayesian revolution）的兩位先驅者賽維奇（I. J. Savage）與費尼蒂（Bruno de Finetti）都將他們自己關於個人機率（personal probability）的概念與凱恩斯在『機率論』中所提出的主觀機率（subjective probability）相聯起來。

「凱恩斯眞正的是一位卓越的科學家，正如傑逢斯用來描述一位更早的傑出經濟學家李嘉圖所說的話，甚至就是假若『他將經濟學的列車轉到一條錯誤的道路達數十年之久』。」（注 25）

注1： 詳情可參考拙著《偉大經濟學家凱恩斯》第十二章，台北天下遠見出版公司，2006 年出版。

注2： Milton Friedman, *Essays In Positive Economics*, The University of Chicago Press, Chicago, 1953, p.253, fn,2。

注3： *Two Lucky People*, pp.227-228。

注4： 上文費利曼所指的對他的批評是下列二文：Don Patinkin,

"Friedman on the Quantity Theory and Keynesian Economics", in Robert J. Gordon (ed), *Milton Friedman's Monetary Framework*, University of Chicago Press, Chicago, 1974；Harry G. Johnson, "The Keynesian Revolution and the Monetarist Counter-Revolution", *American Economic Review*, May, 1971, p.114。同時 Axel Leijonhufvad 對兩種經濟學之不同的討論則見於他著的 *On Keynesian Economics and the Economics of Keynes: A Study in Monetary Theory*, Oxford University Press, New York, 1968。

注5： Milton Friedman, "The Keynes Centenary: A Monetarist Reflects", *Economist*, 4 June, 1983, p.35，此文以後簡稱 A Monetarist Reflects。

注6： 同上注。

注7： 同上注。

注8： J. A. Schumpeter, *History of Economic Analysis*, Oxford University Press, New York, 1954, p.170。

注9： J. M. Keynes, *A Tract on Monetary Reform*, in Royal Economic Society, the *Collected Writings of John Maynard Keynes*, vol. IV, Macmillon, London, 1971, p.65。

注10： 同注5文，p.36。

注11： 同上注。

注12： J. M. Keynes, "The Balance of Payments of the United States", *Economic Journal*, vol. 61, no. 222, 1946, p.185。

注13： 同上注文，p.186。

注 14： 同注 5 文，p.36。

注 15： 見拙著《偉大經濟學家海耶克》，台北天下遠見出版公司，
2007 年出版，頁 267-268。

注 16： 同注 1 書，頁 201-207。

注 17： 同注 5 文，p.37。

注 18： 同上注。

注 19： 克利蒙蘇（Georges Clemenceau）是第一次世界大戰結束後的
法國總理，他曾說：「戰爭是一件太嚴重的事，不能交付給軍
方人士去處理。」

注 20： 同注 5 書，p.37。

注 21： Milton Friedman, "Keynes's Political Legacy." in *Keynes's
General Theory: Fifty Years on*, Introduction by John Burton, The
Institute of Economic Affairs, London, 1986, p.47。

注 22： 同上注文，p.50。

注 23： 同上注文，p.51。

注 24： 同上注文，p.55。

注 25： 同注 5 文，p.37。

第十五章

自由市場理念的闡揚

　　我們知道，費利曼一直是以古典的自由主義者自居，個人自由與市場競爭是社會經濟進步的不可偏廢的條件。他畢生對於這種觀念的闡揚不遺餘力，現可就其在這方面所發表的言論略加敘述。

一、經濟自由與政治自由

　　他在這方面最主要的著作當然是《資本主義與自由》一書。他在一開始就如此指出：

　　「從歷史上看來，經濟自由與政治自由常有密切關係。一般地說，凡是享受政治自由的國家，其經濟活動大都是按市場原則加以調節，使每人都享有相當的經濟自由。例如，當前許多民主自由的國家大都如此。」（注1）

　　但享有相當經濟自由的國家卻不一定都能享受政治自由。例如，二次世界大戰以前之法西斯的義大利與納粹的德國，其人民在經濟上是有相當自由的，但在政治上則無多大自由。由此可見經濟自由是政治自由的必要條件，但不是它的充分條件。（注2）

　　同時，從另一方面看，有時享有政治自由的國家亦不一定都能享有很多經濟自由。例如，二次大戰後獲得獨立的印度，在政治上已是一個民主國家，但在經濟上則管制眾多，人民自由活動的空間不大。今天有一些民主自由的國家也有這種情形。（注3）

（一）何以兩者可以並存

從以上所述中，可見經濟自由與政治自由之間的關係是相當複雜的。何以致此？現可略加解答。先說何以有政治自由的國家往往也都有經濟自由。這基本上有兩個原因：

第一、經濟自由與政治自由一樣，都是自由的組成部分。一個人享有言論、出版、投票等等的政治自由，而不能同時享有消費、創業、就業等等的經濟自由，自然不能說是真正的自由人。因此，今天一般民主自由的國家大都同時具有這兩種自由，兩者是不可分的。

第二、經濟自由是政治自由賴以實現的手段。對於這一點，我們就須對經濟自由得以發揮的市場略加說明。我們知道，社會組織之基本問題是如何將大多數人的經濟活動加以協調，俾能相互配合，以求經濟問題的解決。這就有兩種方法：一為由中央機構統一調度，一為由各人通過市場自行合作。所謂市場，通常是指人們從事交易的場所。人們之所以願意在市場中從事交易，完全是因為大家相信如此必會對自己有利，因此，市場中的活動都是自願的，沒有絲毫強制性。我們知道，所謂自由就是沒有強制的意思，各人都能自行決定其所想採取的行動，而又不致阻礙他人亦能如此決定。這在市場中就完全能夠辦到，所以，市場實為一種可使關係複雜的社會得以自行組織起來的機制。（注4）

但是，市場的存在並不是不要政府，相反的，市場中活動規則的釐訂、糾紛的排解、紀律的維持等等，都有待政府

去主持，政府的組成是很有必要的。不過，有了市場以後，許多經濟問題就可由而解決，這就減少了政府直接參與的範域；相對的，也就增加了人民自行處理的自由。我們知道，人民自由之基本的威脅是來自強制力量集中於政府之手。現在經過市場的運作，社會中的經濟力量已分散到人民手中，使人民享有經濟自由，這就消除了政府強制力量所由而產生的一個主要根源。這樣經濟力量也就不再是政治力量的輔佐，使其更為強大，而已是政治力量的制衡，使其有所約束。在這種情形之下，人民的政治自由也就得到伸張的機會，如仍不能得到，也會提出這種要求。所以，我們說，經濟自由是促進政治自由之實現的手段。政治自由既然是由經濟自由所促成的，那麼，凡是有政治自由的國家自然也享有經濟自由。（注5）

（二）何以兩者不能並存

接著我們可以分析何以有時有政治自由卻又不能享有充分經濟自由。這基本上可以說是由於現代政府之職能不斷擴張的結果。我們知道，自二十世紀以來，各國政府對於人民經濟生活之干預層出不窮，例如，最低工資的規定、產業的管制、輸入的限額、輸出的補貼、外匯的管理等等不一而足；同時，對於各種社會福利性的直接支出亦日益增加。這一切干預與支出之所以提出自然都有其所要達成的目的，例如，經濟公平的謀求、經濟安定的維護、經濟成長的增進等

等。這些目的都是崇高的，沒有人會反對，但其所獲效果則往往不大。結果只不過是徒使人民減少經濟自由而已。

何以致此？這當然不是政府中的人不好，或他們動機不良、能力薄弱。政府中的人還是與我們大家一樣，都是爲求自己的利益。只是所用的方法不同，以致產生兩種不同的後果。在私人的經濟部門，只要市場是自由的，一個人要想獲利，只有利用自己的力量去求取，而在求取中亦須使他人同樣受益，才有可能。如不使他人受益而只求自己的利益，是辦不到的。這就是亞當‧斯密所提出之「一隻看不見的手」理論，一個人在謀求私利時，能在無意中使公眾亦得到利益。所以，這不是一種「零和的遊戲」，是一種「正和的遊戲」。

但在公共的政府部門則不是如此，其中的主持人可將社會中一部分人手中的財物徵收過來，加以運用，而使另一部分人受益。在這種情形之下，以上所提的政府所要達成的崇高目的也就要落空了。現可分述如下：

先以經濟公平論，在現代民主政治體制中，少數人所構成的利益集團所享有的權力往往遠超過一般大眾所享有的。現在如果其中有一些製造業鑑於外來競爭的激烈而要求政府實行保護關稅，政府大概都會接受。因爲如果不接受，則製造業者必因不能得到眾多利益而結合起來，對政府大施壓力。反之，如果接受，則消費者自會因而多付價格，是一種犧牲。但因這種犧牲是分散在許多消費者身上，各人所損有

限，也就不會多加計較了，因而這時政府就不會受到多大壓力。於是，大多數消費者的利益就這樣轉移到少數製造業者手中了，這是經濟公平嗎？

其次，以經濟安定論，我們都知道，一個人為自己做事，如果失敗了，是否要再嘗試就會細加考慮，因為所花的錢是自己的錢。但當人為政府做事時，如果失敗了，大概都會再加嘗試，甚至還會花更多的錢去嘗試，因為反正不是自己的錢，過去之所以失敗也許就是由於所花的錢太少了。一般地說，人對於自己的錢一定會比對公家的錢使用得更為慎重，這是人的天性。（注6）於是，政府的支出就這樣日益增加，對人民所課的稅也就日益加重，人民減稅的要求自然也就因而加強。最後到稅法不能在民意機構中通過時，就只好從事通貨膨脹，因為它是不必經民意機構通過就能徵收的「稅」。如政府任務不斷擴大，支出不斷增加，則通貨膨脹也就不斷惡化，這是經濟安定嗎？

最後以經濟成長論，通貨膨脹既日益惡化，人民之儲蓄、投資與工作的意願自然日益減退。同時，在種種管制之下使資源運用也不斷受到扭曲，又何能增進經濟成長？

從以上所述中，可見這些政府所要達成的崇高的目的也就這樣在政府操作中漸漸落空。這就使費利曼要提出一種政治上之「看不見的手」的理論，以與上述亞當・斯密所提之經濟上的「看不見的手」的理論相映成趣。他認為在政治上一個人原是想要為公共利益而服務的，但結果被「一隻看不

見的手」所導引，而在無意中為私人利益而服務。政治上這隻看不見的手之所以能如此運作，就是因為政府有力量為一部分人謀利而以一部人為犧牲。（注7）既然如此，今天要使人民享有更多經濟自由自須從減少政府所承負之任務入手。對這一點，今天世界論壇上大都已有體識。這就是今天世界各國，尤其是過去共產國家，紛紛追求自由化的基本原因。

由此看來，經濟自由固為政治自由的必要條件，政治自由反過來也是經濟自由的必要條件，兩者是密不可分的。

現可再就費利曼對於市場的力量與政府的任務，以及其由而發生的問題略加探討，以見其識見的一斑。

二、市場的力量

在費利曼的心目中，市場制度乃具有充沛的力量，以致物質享受水準之提高，比任何其他制度都要迅速，而且同時還能促進一些與物質繁榮同樣重要的非經濟價值的實現。何以有這種力量呢？這是由於市場能發揮下列四項的功能：

（一）資源運用的協調

市場是一個自願交易的場所，在這制度之下，其中有一強大的力量，使無數人在從事物品的生產過程中充分合作，將各種資源做最有效的使用，以最低成本製成各種物品，以

234

滿足各人生活之所需。為了說明這種情形，費利曼就舉一枝鉛筆之製成為例。他說沒有一個單獨的人知道如何製成一枝鉛筆，其中就需要許多人的分工合作。例如鉛筆外部所需的木材是從樹上砍下來的，這棵樹可能是遠在一山丘上，就須有人前往砍伐。他就須有交通工具與砍伐工具，這些都是許多人利用各自的技能與所具有的材料才能製成的。接著砍伐下來的樹必須鋸成許多小塊，又須將這些小塊刨削成為鉛筆的外形，這裡所需的木工與工具又不知要經過多少人的合作才能辦到。再者鉛筆內部所需的鉛又須礦工從礦中掘出，再經煉鉛廠的製造，才能成為鉛筆所需的原料。最後鉛筆上端所鑲的橡皮又需有許多人的製造才能得到。有了鉛筆與橡皮以後，又需有許多技工將它們各自安置於所應處的位置，又不知需有多少專門人員的合作才能辦到。由此可見，僅僅是一枝普通的鉛筆的製造都不是一個人單獨能知道的。

接著費利曼又說：「參與製造的千萬人之所以要擔任其特殊的工作，不是因為他們自己需要一枝鉛筆，其中有些人甚至從來就沒有看見過鉛筆，也不知它的用途。每個人只知自己是想利用自己所做的工作去換取他所需的貨物或勞務。……我們之所以製造貨物或提供勞務，是為了要得到我們所想要的鉛筆。我們每次到店中去買一枝鉛筆，是將我們所能提供的一些勞務，用來換取無數製成鉛筆的人個別提供的一些微小的勞務。」（注8）

從上例中可以看出鉛筆之製造雖經無數人的參與，但對

於各人所應做的工作，則無人亦無機構（如政府）居間協調而仍能合作無間，完成任務。這又怎樣能辦到呢？這就是市場中之價格制度的優越性之所在，因為其中一切活動都聽由價格機能的運作。換句話說，是價格機能居中協調。

（二）經濟訊息的傳播

那麼，價格機能又如何居中協調呢？現可略加說明。假定現在對於上述的鉛筆之需要增加了，這時銷售鉛筆的零售店就會感到鉛筆銷路增加了，就會向批發商增加進貨，接著批發商也就會向製造商增加訂貨。於是製造商就會設法增加生產，要如此則需多購各種原料，如不能以原價如數購得，也會願意多出價格。他也要設法增雇工人，如不能照原來工資雇足，亦願提高工資。在這一整個過程中並沒有人在指揮與協調，其所依賴者只是市場中之價格的變動。

消費者（購買鉛筆者）就賴生產者（製造鉛筆者）之求自利的動機，依照市場中的價格機能傳播出各種價格變動的訊息而進行工作，使消費者對於鉛筆的需求欲望得以滿足。消費者所需的各種貨物與勞務都可通過上述的過程而得到滿足。不但如此，市場制度還能保證各種欲望都能以可達到的最低成本去予以滿足，因為這對所有參與生產過程的人也是有利的，一定會盡力設法辦到。更可喜的，是每個參與生產過程的人都只需知道自己所要做的那一部分工作，其他都可不管。價格機能自然能通過訊息的傳播，將其他部分的工作

聯繫起來而完成全部工作,使產品能以最低成本而製成。
(注9)

(三)社會歧視的消除

　　費利曼還看到市場經濟另一非常重要的層面,這就是會將人與人間所存在的一些基於種族、宗教、性別或其他特性的差異而發生的歧視趨於消除。這裡有兩個重要的理由。

　　第一、價格機能是將許多人的活動結合起來共同去完成一項任務,沒有人能知道其中所有參與工作的是些什麼人。有時甚至其中有些是自己的仇人,他還是照常工作。因此在這種情形之下,各種歧視也就無從發生。(注10)

　　第二、凡是存有歧視的人只會使自己的成本增加,損失擴大,因為這樣就限制了他對供應者與消費者的選擇範域。所以市場經濟中存有各種歧視顯然是不利的,這就不需要任何的立法去加以制止。(注11)

　　唯其如此,費利曼就說:「這是顯著的歷史事實,隨著資本主義的發展,對於各種宗教的、種族的與社會的團體,在從事他們的經濟活動時所遇到的特殊的障礙是大量地減少了,不再受到歧視。」(注12)

(四)雜而不亂的情勢的形成

　　自由市場的一種優點是它允許許多不同的嗜好或品味,都可以不同的方式去求得滿足,而不必徵得他人的同意。它

能滿足許多人之不同的甚至相反的欲望，而不致引起社會的混亂。

在另一方面，政治「市場」（也就是從事政治貨物如政策、方案與措施等等之交易的市場）則貨物有限，而且選擇也有定時。例如選舉就不能天天舉行，要有數年之間隔才能舉辦一次。同時，選擇時也不是針對各自所喜愛的政策而投票，而是對各黨派所提出之包涵許多政策的整套政綱而投票。經多數贊成而通過後，在這些多數人中就因須接受其原不贊同的政策自然感到不滿。其餘少數人要接受他們全部反對的項目自然更爲不滿。所以，費利曼就說：「使用政治途徑雖然不可避免，但會使一個穩定的社會受到約束。……基礎價值之根本的差異，如果要使用投票箱是很少能解決的。」（注13）

這在經濟市場則完全不同，其中選擇機會是無限的，各人都各自選所需的物品，不會被迫要同時接受其他所不需的物品。選擇時間也少有限制，除假日外，天天都可進行。同時，儘管各人所製之貨物非常龐雜，社會卻能保持一團和氣。（注14）

政治市場既然如上述那樣沒有效率，那麼許多活動的進行應盡可能地決定於非政治的經濟機制。費氏說：「市場的廣泛的使用會減少社會結構上所受的約束，因爲它使許多活動不必都要遵照規定而進行。由市場處理之活動的範圍愈廣，須取得大家同意之政治決定的問題就愈少。」（注15）

三、政府的任務

接著在上述情形之下，自由市場中之政府究須負何種任務呢？費利曼就遵照亞當‧斯密在《國富論》中之所述應負三項任務外再另加一項，（注16）現略述如下：

（一）國防與治安的衛護

政府首要任務是在保護人民不受來自國內外之侵犯與壓迫，這就要建立國防與警政。費氏認為這類工作之所以要政府處理，一部分是因為武力之使用必須是壟斷的，另一部分也是因為這類工作自由市場不能妥善地處理。也許有人要問何以這些勞務不能從私人創辦的機構中購買，這是因為國防與警政這些勞務是不可分割的，不可能由個人分別決定其所需的那一部分而加以購取，所以仍須由政府統一辦理。（注17）

（二）規則的訂定及其切實推行

自由的市場經濟是一種人民自願從事交易的制度，這種制度是無法推行的，除非人與人之間有充分信心，認為彼此所簽訂的契約一定可以實現，將來是不會發生任何變動的。因此為了加強人民的信心，政府的任務就在製訂一般規則，並保證其切實遵行。如將來有任何糾紛而不能自行解決，則可經專設之法庭裁決。

　　訂定各種規則是一件相當困難的事，例如私有財產的定義就不容易確定。一位發明家是否可以永久享有專利權？若不能，則有何年限？土地的所有者是否可以禁止他人侵犯它上面的領空？若可以，則對其領空的高度有無限制？這些都是很複雜的問題，結果就導引出許多規則。這些規則自然都希望被切實推行，如有不周之處自然也可修正。所以政府在這方面所肩負的任務是繁重的。（注18）

（三）公共財的提供

　　政府的第三項任務是提供一些在自願交易制度下無法提供的物品與勞務，而這些物品又為社會所切需的。上述的國防與警政就是顯著的例證。再如公路構築也是社會切需的，這種公路有時也可以利用徵收過路費的方式來籌款，而由民間構造，但是有時徵收過路費的成本，甚至要超過整條公路的構築與保養的費用。這就是亞當・斯密所謂的公共工程（public work），現在則稱之為公共財（public goods）。在這種情形之下，自然是要由政府負責辦理。

　　另有一些個人的行為卻會對他人產生傷害或不便，例如工廠所放出煤煙與廢氣，就會使鄰近居民之衣衫易被汙穢，房牆易遭變色。對於這些損害有時廠主亦願補償，但如何計算實在困難。再如有些人將其寓所建立在花園之中，使附近環境非常優美，自使鄰近人士與路過行人都感到欣賞的樂趣，對於這些人所受到的利益又如何計算，如何收回其代

價，也是不可能解答的問題。以上這兩種因一人之行為使第三者受到的傷害與利益，在經濟學上稱之為「外部效應」（external effect）。市場制度對於它們都無法處理，成為「市場的失敗」（market failure）。市場既已不能處理，是否可以交由政府處理呢？實際上，政府也不能處理，因為它的行為同樣會對第三者產生外部效應，這樣就構成「政府的失敗」（government failure）。所以費利曼得到一個結論是，對於政府的干預措施究竟對市場操作有無改進，則須先將這些措施所能產生的利益與成本都加以縝密的計算以後，才能加以判斷。（注19）

（四）病弱者的保護

費氏另加的一項任務是，政府應對社會中一些公認為不能自己負責的份子加以保護，主要的是指兒童與瘋人。他認為「自由只是能負責任的人所能維護的目的，我們不能相信自由是可以交付給瘋人或兒童的。我們必須在能負責任的人與其他的人之間劃一界線，雖然這樣做會使我們追求的自由之終極目的的涵義根本模糊了。對於這些我們認為是不能負責任的人，我們絕對不能沒有家長主義的親情而予以照顧。

「對於兒童，我們一開始就交付他們的父母教養，家庭是我們社會建立的基礎，不是個人，……但是將兒童的責任交給他們的父母，大部分是一種權宜之計，不是一項原則。我們相信父母對於他們的兒女比其他的人都要關心，可以保

241

護他們、培養他們，成為一個負責任的成年人。但是，我們不相信父母可以對他們的兒女做任何他們想要做的事，……例如不斷毆打他們、謀殺他們，或者出售他們成為他人之奴隸。兒童在胚胎時就享有人權，他們有他們自己的終極權利，不是父母的玩物。」（注20）

四、政府職權的擴張

上述這種職權有限的政府，只存在於第一次世界大戰以前的英，美兩國。兩國的經濟都在這種政府引導之下飛躍發展，而成為世界上最富強的國家。但自第一次世界大戰以後，情勢則迥然不同，它們與其他工業國家之政府職權都日益增加。「而政府功能的集中化與擴大化必定需要將政府運作的方式有所改變。」（注21）

因為政府所需管制的事務增加後，必會產生許多法規與條例。初期增加有限，到了相當時期以後，由於管制之事務日益增加，此類法規與條例也隨而日益增加。在此情形之下，沒有一位民意代表與行政首長能有時間將之加以充分地瞭解，結果「不可避免地，政府的實際操作就落在一般官員身上。」（注22）於是，久而久之，一個龐大的官僚體系（bureaucracy）乃終於形成。這群人中固亦有公忠體國清廉幹練之士，但畢竟都是人，而人中不免也有懶惰、無能、自私之徒。不過，問題之所在不是個人，而是制度。

一般地說，官僚（政府中的官員，也就是公務人員）都有兩個主要的特色。第一，他們所花的都不是自己的錢而是他人的錢。第二，他們都想求自己事業成功，而所謂成功最具體的表現是職位的提高，也就是所謂「升官」，這樣就可使自己所掌握的人員更多，權力更大。（注23）在這種情形之下，官僚體系自然很易成為一般利益集團所遊說的對象，希望能由而達成其所追求之特殊利益，而以大眾利益為犧牲。（注24）

政府任務增加所造成的除上述之弊害外，更重要的是使人的經濟自由不能充分發揮，而經濟自由則與個人的政治自由是不可分的。所以費利曼極力主張削減政府職權，成為一個如上述僅推行四項任務的權力有限的政府（limited government）。為了達成這一目的，他曾提出許多建議，這在他與他夫人合著的《資本主義與自由》、《自由的選擇》與《現狀的專橫》三書中都有詳細說明，現在可舉其中兩項常為人提到的意見為例而略作敘述。

五、兩項減少政府職權的措施

（一）教育憑證的提倡

費利曼認為在一個以自願合作的社會中，所有份子至少都須受過基礎教育。他相信要能達成這一目的，須由政府與人民雙方合作，而不能由政府獨力肩負。因此，對於初等與

中等教育的推行，他主張推行教育憑證（voucher）制度。所謂教育憑證是一種由政府發行的相等於學費的憑證，發給學生之家長可以讓其子女憑此進入任何一間他們所想進的學校。如果他們希望能進一費用較高的學校，他們只要願意支付此項憑證與實際所需的費用之間的差額亦可如願就讀。

費氏相信他這一建議會改革教育，私立學校的開支可能會比公立學校節省，因為它們是用自己的錢來辦理的，必會儘量減少一切浪費。它們的教育成績也可能會比公立的優良，不然無法吸收優秀的學生。這樣的結果還可能會鼓勵私人辦校，以增進學生上學的機會。同時也可以淘汰一些成績不良的學校。（注25）

至於高等教育，如果青年男女仍想上進，則不論其家境如何，都可從其現有收入中，或從其現行借款而冀望將來就業後所獲之所得中償還的辦法，繳納大學所需之費用來如願進入。換言之，高等教育之費用應以自行負擔為原則，絕不能由人民付稅而提供少數人享有上項教育之機會。但由於高等教育與研究對整個社會畢竟能發生優良的外部效應，政府自亦有補助的必要。除了提供一些貸款辦法以支援之外，也可考慮推行上述之教育憑證制。這時公立學校必須依據所花之全部經費，向學生徵收足額的學費，俾能自給自足。然後政府可決定每年所擬使用於高等教育的經費，再除以每年所擬補助學生之人數，所獲之商數即為該教育憑證所含之價值。學生就可持此憑證進入他們想進的學校。如想獲此項憑

證的學生人數超過原定的名額，則可以考試或其他標準選擇之。（注26）

最後關於職業教育，則由於其利益是由學生所獨享的，自應自費負擔，這是一項對自己進行「人力投資」，就正如他想從事「物質投資」一樣，自然應由自己負全部成敗的責任。政府所能提供的唯一的資助，是對合格的優秀青年提供一筆貸款，限定其所進之學校，畢業後必須償還其所得中的一個固定的百分比。（注27）

總之，在費氏看來，以上這些措施無非是想將這些政府使用於教育方面的錢，直接交給學生或其父母去使用，要比由政府自己使用有效率得多。這樣不但優良學校得以存在而且不斷進步，劣質學校必被淘汰，而且政府的職權也減少了，個人自由也增加了。

（二）負所得稅的建議

在過去兩百多年來，西方資本主義國家的經濟曾快速發展，自由企業的利益也曾普遍地予以分配，這使他們所感到的饑寒交迫的絕對貧窮是沒有了。但是，貧窮主要是一個相對的問題。人與人之間對比起來還是有貧富之別，如何消除或解決這種相對貧窮問題，就成為當代社會的一個主要問題。各國在這方面提出了許多意見，但都成效不佳。因而費利曼就提推行負所得稅（negative income tax）的主張。

所謂負所得稅，不待言，就是一般正常的所得稅的反

面。所得稅是個人每年向政府按其所得的多寡而繳付的稅，如果一個人所得不及某一法定數量就不需繳稅。現在費氏則主張這時政府應該給予補助，以解其困。這種補助是稅的反面，所以稱為負所得稅。這種補助的多寡就決定於負所得稅的稅率，這種稅率也可以累進的。這種措施可併入原設立的課稅機構同時辦理，其所需經費就是來自政府之所得稅的收入。

　　這種制度的優點是顯著的，它直接針對著貧窮問題，它給個人最有用的貨物，就是現金。有了現金以後，他就可以自己決定所想要購置的貨品，享受到較大的滿足。（注28）通過市場以解決貧窮問題，可能要遠勝於由政府提供各種勞務去解決。他說：「如果從平衡的觀點來論，（政府提供勞務）所留下的紀錄是淒慘的，這是很少可以懷疑的。在過去數十年間，政府所推行的新措施大部分都不能達成它們的目的。」（注29）如果能將他這種負所得稅加以推行，其所能獲致之效果必很宏著，同時政府的職能也可減少很多。

六、結論

　　費利曼對於市場制度的讚賞，以及對於政府干預的厭惡，不但有上述之理論基礎，而且亦經史實證明其確當性。但事實上政府職權則仍不斷在擴張中。待1980年代美國雷根總統（Ronald Reagan）與英國柴契爾首相（Margaret Hilda

Thatcher）相繼執政以來，此種情勢已有所轉變，但成效仍不彰著。這就使他不得不承認，就是「在最好的環境之下，一個巨型的政府要重整而縮小，不是一夜就可完成的。一個經過數十年所建造的政府，不能在一、兩年內就可以拆除。它的形象就像一艘超級油輪一樣，站在艦橋上的船長要想轉向，必須在真正開始的許多哩以前下令。」（注30）因為任何一種想要約束政府的企圖，都會受到三種專橫勢力的壓制：一種是政府措施之受益者所發揮的專橫，這就是「受益者的專橫」（tyranny of beneficiaries），這群受益者就是特殊利益集團，他們一定會團結起來反對預算的削減。一種是民選的政治人物所發揮的專橫，可稱為「政治人物的專橫」（tyranny of politicians），他們極想利用人民的錢去購買更多的選票。一種是行政部門的官員所發揮的專橫，他們必定想盡方法去阻止變革，以保護自己的存在，可稱為「官僚體系的專橫」（tyranny of bureaucracy）。這三種專橫就構成「現狀的專橫」的鐵三角。（注31）

但是，儘管如此，費利曼認為美國已經朝著縮小政府的方向走出了第一步，今後只要能選對總統，並堅持平衡預算的憲法修正，必能如願以償。最後他樂觀地說：「這塊土地（美國）是幸運的，只須克服一種專橫，這就是現狀的專橫。我們也同樣幸運的，有一大群朝氣蓬勃的、精力充沛的、熱心公共服務的、可以達成任務的平民大眾。美國沒有一種錯誤不是一個縮小的、侵擾性少的政府所不能改正

的。」（注32）

注1：　Milton Friedman, *Capitalism and Freedom*, University of Chicago Press, Chicago, 1962, p.10.

注2：　同上注。

注3：　Milton Friedman, *Economic Freedom, Human Freedom, Political Freedom*, The Smith Center for Private Enterprise Studies, California State University, Hayward, California.1991。

注4：　同注1書，p.13。

注5：　同上注書，p.15。

注6：　同注3書，p.15。

注7：　Milton Friedman, *The Invisible Hand in Economics and Politics*, Academia Sinica, Taipei, Taiwan, 1981, pp.10-11。

注8：　Milton and Rose Friedman, *Free To Choose*, Harcount Brace Jovanovich, New York, 1979, pp.12-13。

注9：　同上注書，pp.14-16。

注10：　同注1書，p.21。

注11：　同上注書，pp.109-110。

注12：　同上注書，p.108。

注13：　同上注書，pp.23-24。

注14：　同注8書，pp.65-66。

注 15： 同注 1 書，p.24。

注 16： Adam Smith, *The Wealth of Nations*, The Modern Library, Random House, New York, 1937, Book V, Chapter I。

注 17： 同注 1 書，p.23。

注 18： 同上注書，pp.26-27。

注 19： 同注 8 書，pp.30-32。

注 20： 同上注書，pp.32-33。

注 21： Milton and Rose Friedman, *Tyranny of the Status Quo*, Harcourt Brace Jovanovich, New York, 1983, p.47。

注 22： 同注 8 書，p.297。

注 23： 同上注書，pp.158-161。

注 24： 同注 1 書，pp.100-107。

注 25： 同上注書，pp.191-193。

注 26： 同上注書，p.199。

注 27： 同上注書，p.42。

注 28： 同上注書，pp.42-51。

注 29： 同上注書，pp.167-168。

注 30： 同注 21 書，p.42。

注 31： 同上注書，pp.42-51。

注 32： 同上注書，pp.167-168。

第十六章　中國之旅

費利曼與他夫人合著的回憶錄中曾有一段這樣的描述：
「我們在十三年之間能三次訪問中國……是我們生活上一種
最感到暢快的經驗。很巧的，這三次訪問在時間的安排上正
能提供一個機會，可以觀察一個歷史之前所未見的自然的實
驗──如何將自由市場的一些元素，引進入一個共產主義的
指令式的社會之中。很幸運的，在我們訪問的過程中都能使
我們走過廣闊的地區，同時，同樣重要的，也能使我們大部
分通過傳譯，與從中國最高統治階層到社會基層許多人士交
談。我們不是中國問題的專家，但是我們卻有一個獨特的機
會，觀察我們長期所傳述的理論之實踐的情況──自由市場
的措施對於繁榮與自由之促進的效能。」（注1）現在就讓我
們看看他倆自述這三次中國之旅的一般景況。

一、1980年首次之旅

這次旅程是應美國之美中學術交流協會（Committee on
Scholarly Communication with the People's Republic of China）
與中國社會科學研究院世界經濟研究所之共同邀請而成行
的，其主要任務就是要請費利曼在中國各地做數次學術講演
與討論會，其講詞並須事前寄往中國社會科學院。他與他夫
人旋於1980年9月22日到達北京，而後於10月12日取道廣
州返回美國。前後在中國居留共二十天。

據他記述，先在北京住三天，做三次講演，題為「貨幣

之謎」（The Mystery of Money）、「貨幣與通貨膨脹」
（Money and Inflution）、「80年代的西方世界」（The Western
World in the Eighties），並分別在社會科學研究院與中國人民
銀行各做一次討論會。參加講演的人數大約兩百五十人，這
與後來在上海所舉行的差不多。所有參加人員都是邀請的，
須憑券入座。他們大多數是各政府機關的官員與各大學的教
員，主要的都是專業的經濟學家或管理經濟的官員。其中呈
現出來的最主要的特色是參加人員的年齡分布：大多數都是
五十歲以上的（是文化大革命以前的一代）；少數是三十五
歲以下的（是文化大革命以後的一代），幾乎沒有一人是在
兩者之間的，這充分地顯現出文化大革命所造成的慘痛的後
果。所有講詞是一句一句地傳譯的，一部分是由人民銀行的
譯員充任的，他的英文很流利，但對經濟學則一竅不通。許
多是由在座的一位安徽大學鄧教授（M. T. Teng）代譯，他在
1930年代後期曾在英國專攻經濟學。（注2）

　　三天後轉赴長春，它是1931年到1945年日據時期滿洲
國的首都，現爲中國重工業的中心之一，其間有一吉林大
學，社會科學研究院亦有分院在該地。據費氏說這也許是要
他到長春做一次講演，並於講後做一次討論的原因。到達以
後，他倆就被送到一座由岩石築成的壯偉的旅舍。這是二十
多年前所建成的，座落在一個大公園之中，四周環境非常優
美，內部裝潢亦非常完善。經過一夜居住以後，費氏夫婦就
感到在此所享受到的招待，要比在北京飯店所享受到的好得

多。

　　翌晨舉行講演的會場也是在同一旅舍之中。當費利曼一步入了會場，他立即感到參加人士之服飾的簡陋與會場之裝設的華麗成一鮮明的對照。所有到場的一大群男女工作人員都一律穿著同一式樣的陳舊青色毛裝。其中許多男士甚至在整個講演會中都仍戴著帽子，其餘一小群人士則整齊穿著正式服裝。據費氏從機場坐車到城裡的經驗，穿著最優良的人不一定是最高級人員。例如，以當時來接機的社會科學研究院中的人員論，兩位帶他們到旅舍的人，一位穿著工人服裝，另一位則穿著合身的西裝，前者是副所長，後者則為助理所長。

　　在長春的任務完成以後又再回到北京住了幾天，除了再做一次題為「怎樣把市場機制和中央計畫結合起來運用」（The Use of Market Mechanism in Centrally Planned Economies）外，也去北京的名勝遊覽，如故宮博物院、紫禁城以及附近的長城，也被邀去觀賞王光美夫人的舞蹈表演。她是劉少奇主席的遺孀，是一位活力充沛、富有才智、顯然很受愛戴的夫人。費利曼夫婦表示能有此機會與她會晤感到非常欣幸。（注3）

　　此外他倆認為在離開北京以前還有一次訪晤是永遠不會遺忘的，這就是承此次中國之行一直陪伴著他們旅遊的世界經濟研究所副所長羅教授（Prol Luo Yuanzhen，作者按：不知其中文姓名，姑譯為羅教授）之邀，到他家中去晚餐。露

253

絲・費利曼曾這樣描述：「這是我們能到中國人的家中訪問的唯一的一次。羅夫人是一位醫生，雖然我們從沒有見過面，她是這樣的熱情與友善，使我體會到我已與她相知許多年了。她的孩子與他們的配偶都參加這次晚餐，而羅夫人堅持要我們與他們夫婦二人合照了許多相片。離開她像是離開了一位老朋友。我到現在還沒有再見過她。」（注4）

　最後費利曼在北京時終於也見到了他過去在芝加哥教導的學生Li Zhi-wei（作者按：不知其中文姓名，姑稱之為李先生）。這位李先生上費利曼之「經濟理論」一課時，筆試的成績很差，但對費氏指定課外作業則成績非常優良，為全班之冠，使費氏從此不再專以筆試成績做為整個學期的成績。這在第四章中曾經提到（可參閱本書69頁）。這位李先生後來還請費利曼為他的博士論文之指導教授，因此兩人的關係非常密切。在撰寫論文期間還曾到過費氏在新罕布夏（New Hansphire）暑期住宅住過幾天，到了1951年他得到了博士學位。那時中美的關係為了台灣問題非常緊張。他是澳門出生的，但像所有海外的中國人一樣都是非常愛國的。那時費氏曾與他多次討論今後的出處的問題。他承認如果留在美國，專業的工作機會要多得多；但是如果他成為美國公民，再如果中美之間發生戰爭，他可能會被徵召，屆時他懷疑他能為了須對美國盡忠而對中國作戰。最後他還是決定回到中國。早期他在香港一個中國機構服務，他們之間還有書信往來。後來他到中國大陸後就再無信息。到了三十年以後，費氏在

北京所做的一次講演完畢後，他突然出現了，接著他們之間
自然有幾次暢快的聚晤。簡單地說，他最後成為一位教員，
但不是教經濟學，因為他不懂馬克思經濟學，而是教英文。
接著文化大革命期間，他與一般知識份子一樣都到鄉間勞
改。文化大革命結束後，他被恢復原位。當他倆再會的時
候，他所教的仍不是經濟學，而是統計學。但露絲則對李先
生的態度表示懷疑，不夠坦率。因為她認為李先生在困難的
時候，既有兄弟在美國，而且還曾往訪他們，何以不設法就
留在美國。同時，她說她從沒有見過他的太太或小孩，她認
為這與過去她在新罕布夏所認識的李先生已不同的了。（注
5）

　　他們夫婦倆人旋於10月3日離北京而到上海，在那裡費
氏要做一次講演與一次討論會。然後到蘇州一遊即返滬應當
時副市長汪道涵之晚宴，這次是他倆在中國時所享受到的最
精緻、最美味的晚餐，尤其是對當時正上市的大閘蟹更為讚
不絕口。汪先生給他的印象非常優良。這不但是由於欽佩他
對美食品評之卓越的見識，而且還由於讚賞他胸懷闊大、思
想開放，是一位能力極強的人物。從此以後，兩人就建立了
友誼，不但在費氏後二次訪華時都曾與他再圓良晤，而且在
此期間，汪先生也曾到舊金山去訪問他們，只是他所帶去的
不是大閘蟹，而是一瓶茅台酒。（注6）

　　在上海時他與他夫人還有過一次很奇異的經驗，有一天
當他倆在街上散步時，突有兩位青年朝他們走來，說是要練

習英語，但不久就吐露出他們是要他倆設法幫助他們出國。其中年長的一位說想要成為一位化學家，而且已在擔任這類工作。年輕的一位則更露骨地問他們可否收他為兒子。在這種情形之下，他倆只好盡量設法避開他們而匆匆走回旅館。（注7）

上海的任務結束後就轉到杭州與桂林一遊，然後取道廣州而返美。對於這次中國之旅他提出了下列幾點觀感：

（一）　學術空氣

就表面上看已很自由開放，對於許多問題都可提出來，對於社會主義經濟運作也可提出一些批評等等。但如進一層觀察，則其間自仍有其限度，一般人都只願提出問題，而不願多表達意見。

（二）對經濟情況之理解的情況

以政府中之主要官員論，他們自曾受過教育，但由於長期生活於封閉的管理經濟的社會中，對於市場經濟體制如何運作可能毫無所知。再以專業經濟學論，情形自有不同，其中有些早年曾在西方國家受過教育，對經濟理論自然有相當素養，但多不受重視，而一般專業經濟學家所知的都是馬克思經濟學，對於「布爾喬亞的」或「資本主義的」經濟學則所知極為有限。現在政府政策改變要由市場機制在經濟活動中肩負較大的任務，他們自然亟欲對之深加體識。更重要

的，也許是由於對外關係的迅速開放，使他們可以讀到國外書刊，並接觸到外國科學家以及海外的中國人，就激發出他們之久被壓制的好奇心。這種好奇心從見到海外中國人以及台灣之經濟的繁榮，與中國之貧窮的鮮明對比後就更為加強。

這種對市場經濟之無知與研究興趣的濃厚相混合的結果，就產生了一種很奇突的現象。例如海耶克的著作非常流行，同時費利曼自己的《自由的選擇》的日文譯本不過是過去幾個月才在日本出版的，居然也已落在懂日文者的手中。

（三）經濟的現狀及其展望

對於這一問題，他就引他於返國後向資助他訪華的美中學術交流協會所提出的報告做為說明的根據。現可選擇幾段，以見一斑。他說：「就絕對水準論，中國是一個非常落後的經濟，龐大人口中的絕大部分都是從事農業，……工業的生產力水準亦非常低落。與我們訪問的所有共產國家一樣，建築物的保養是惡劣的……。

「雖然我們不斷地將之與印度來對比，其中實有重大的差異。最顯然的是，你在中國城市的街上不會像在印度那樣可以看到乞丐，也不能看到或者很少看到衣衫襤褸貌似饑饉的人。中國人自誇他們已建立了最低的生活水準是確實的，至少在我們所見過的城市中……。

「就與過去的水準所發生的變化論，則情形比較複雜。

在過去三年左右，他們在經濟上顯然有卓著的改進。中國人民將之歸功於主持大局的鄧副總理所採取的『務實的』政策。

「我自己的印象則有些不同，一個從動亂中恢復秩序的社會之能在經濟上有快速的改進，是一種普遍的現象，德國與日本之能在二次世界大戰結束後快速地穩定成長就是一例。同樣的，中國內戰結束由毛（澤東）獲得勝利，以及更重要的惡性通貨膨脹的中止，接著就有幾年迅速的進步與經濟水準之飛躍上升。這種情形沒有持續下去。後來毛氏的實驗 —— 大躍進與文化革命 —— 又引起騷動與一個混亂的時期，僅僅是毛氏逝世以後的秩序的恢復，與鄧（小平）取得權力這兩項事實的本身，就必定會促進快速的復興與經濟水準之上升。我相信這種解釋要比鄧小平的改革重要得多，那時大部分的改革還僅僅是書面上的，並未實際推行。

「這些改革 —— 設法引進市場元素、對西方開放、鼓勵外人投資等等 —— 是在朝著一個可取的方向邁進……，潛在的力量是雄偉的，現在的水準則非常之低。這不能歸咎於人民的性格或自然資源的貧乏。要否定這些解釋只須看看新加坡、香港與台灣之中國人的成就即可以了，這些地區的資源稟賦只會比中國大陸稀少。那麼何以所有在世界各地的中國人，除了在祖國的之外，都能生活得很好呢？這一解釋必定是在組織的方法與經濟的控制 —— 而這一解釋已被其他共產主義社會之經濟生活的低落水準所證實。因此，組織與控制

方法的改弦易轍，就可獲得日本、德國及最近智利那樣的經濟奇蹟。

「我自己的推測是在未來幾年當一些新宣布的政策推行以後，必有卓著的進步。同時，我對這些進步是否會長期持續下去則相當悲觀。一個制度的開始，必會牽涉到權力與職責的分散，這就會對中央集權的政治機構形成威脅。這時它可能就會將之重行關閉。」（注8）

以上是費利曼第一次訪華的經過，第二次則要在八年之後。在此期間，他曾應台灣大學中央研究院與中華經濟研究院之聯合邀請到台北做二次學術講演，題為「在經濟上與在政治上的一隻看不見的手」（The Invisible Hand in Economics and Polities）與「貨幣與通貨膨脹」（Money and Inflation）。

二、1988年再次訪華

到1988年費利曼之所以能有第二次訪華機會，是由於幾個巧合的因素所造成的，一是上海復旦大學校長謝希德女士曾於1987年邀他前往參訪，二是卡托研究所（Cato Institute）與復旦大學共同發起要在上海開一討論「中國經濟改革：問題與展望」（Economic Reform in China: Problems and Prospects）的會議而邀其參加。卡托研究所是美國一個主要由自由至上主義者所組成的研究機構。三是蒙柏崙學會也要在那一時節在日本召開年會。接著由於他知道他過去的學

生、現在是朋友的張五常（Steve Cheung）屆時也要參加卡托的集會，張當時在香港大學任教。他就寫信給張問他可否為他的復旦之行擬一行程，張當即同意並願於會後陪他到其他各地一遊。這樣他與夫人就於1988年9月10日由大阪到達上海，於9月22日離西安赴香港，在香港住了七天，而於9月29日返舊金山。這十九天中就沒有片刻虛度，收穫甚為豐富。

首先要提到的，是在9月11日由復旦大學與上海市共產黨書記共請的午宴中遇到主人之一的江澤民。謝校長是物理學家，曾獲麻省理工學院（MIT）的博士學位。當時她並不多發言，江澤民則非常健談。他顯然自感是一位非常重要的人物。雖然他能講一些英語，但大部分的討論都通過傳譯。餐會中還有一些復旦大學教職員及其他人員，因為有校長與江在座，他們都沉默寡言，結果就形成江與費二人的討論。費氏當時提到私有化與自由市場的重要性，主張一次完成徹底的自由化。江氏則不斷地說有政治上的困難，他雖沒有明說這種困難是什麼，但可以瞭解到這與他自己的職位有關。如果真要這樣做就會影響他的職位。

另一件事是，當他們由餐會回到旅館後，發現有一位曾與他通信的女學生已在旅館中等他，說是想要參加卡托的講演會但無門票，可否請他幫忙。他就打電話給張五常要他前來處理。張來了後就一口答應，門票沒有問題，張發覺她是一位約二十歲的廈門大學的學生，正在翻譯費氏的著作，這

次來滬是花了她所僅有的 100 元儲蓄乘火車而成行的。他感到一個青年有這樣求上進的精神與決心是中國的希望，他即為她與費氏合照了一張照片，並堅持要她接受他贈送她回途的旅費。

第二天到復旦講演，他被介紹為復旦的榮譽教授，向坐滿四百餘人的禮堂直接以英文與他們交流。從學生對於講詞之關注情態與後來所提出之問題中可以看出他們是能聽懂的。他在講詞中特別提出他們要改進他們的景況，只要照著近年來香港、南韓與台灣的作法去從事，就可達成目標。這幾個地區已表現出如何能於短短三十年間，就達成了過去美國與其他西方國家要花兩百年期間才能達成的成果。這是由於它們能運用那些國家的經驗，並利用它們的資本市場與技術。他強調吸收知識與個人創始精神之發揮的重要，以及通過市場從事自願合作的效能。同時，他在講演與接著的討論中都指出，當前中國所面對的最重大的問題，是如何制止加速中的通貨膨脹。他發現這群青年要比他在 1980 年時所遇到的更為活潑、更有豐富的知識，尤其是他們的英文程度已遠勝過去的青年，足見學習英文已成為一種強烈的意願。

至於卡托研究所的集會則在開始的前晚先舉行一場宴會，人數不多，他在宴會中再度遇到汪道涵，這時他已不是副市長，但顯然仍是一位重要的人物。後來汪氏且再為他們安排另一宴會，又讓他們嚐到大閘蟹。

他在會上所做的講演題為「借重市場功能推動社會發展」

（Using Market for Social Development），他在結論時曾這樣說：「將指令經濟私有化有較好的也有較壞的方法，但沒有一個奇妙的公式可以毫無痛苦地將一個指令的轉爲一個自願交易的經濟。儘管如此，如果這種轉變能夠成功，那麼，可能發生的潛在報酬就非常之大，這時過渡時期所付的代價就毫不足道了。這要歸功於中國現在的領袖們，他們能體認到潛在的利益超過了過渡的成本，他們就會認眞地去從事這種過渡時期的努力。中國人民是這一成功之主要的但不是唯一的受益者，而是全世界的人民都能受到利益。和平與廣泛之繁榮是世界上使用自願合作做爲組織經濟活動之主要工具的終極目的。」（注9）

　　後來卡托曾在一個下午專爲西方去的參與者安排了一場參觀上海的行程，其中最主要的項目是參觀一個有公營商店與私營商店以及在狹隘巷口占滿了攤販的購物市場。就在這裡他們可以看到各色各樣物品的銷售情形，費氏曾問導遊公營的與私營的商店如何看出它們的區別。他說：「在私營商店，店員的態度殷勤，是眞想要將貨物銷售給你。在公營商店，店員都是漠不關心，站著不動。」後來美國領事館也辦了一場茶會招待，費氏曾遇到一位年輕的美國婦女，在香港從事進出口業，她說與中國官員做生意差不多都須行賄。他們不收現金，這是太露骨了，普遍是收實物，而最好的方法是安排他們子女到美國留學，承負所有費用。這就毫無痕跡的了。

　　在上海的任務結束後，他們就由張五常安排到北京，途
經蘇州、無錫與南京三地都稍事停頓，以便參觀。他們對於
各地自由市場之範圍廣大，印象很深，特別是無錫的，其中
除農產品外，還有各式各樣的服裝與修理皮鞋之服務等等。
他們顯然都有營業執照。費利曼問陪同的譯員，這些執照如
何取得。他說在名義上是從他們的雇主手中獲得，實際上是
向主管此項事務之官員行賄而得。

　　在離開上海以前，張五常說他在北京的友人安排了一場
與趙紫陽總書記的會晤，但他希望能給趙一份備忘錄。趙氏
是當時中國最重要的三位官員之一，居首的是鄧小平，另一
位是李鵬國務總理。費利曼就在旅途中與他夫人及張五常商
量提出些什麼意見，結果經過多次草擬之後，由費氏執筆以
他的名義寫了一份，實際上是他們三人的集體創作。到了北
京機場，即被趙氏的代表接送到釣魚台賓館，這是一個擁有
許多棟中國古典式建築的別墅，專為招待高級官員與特殊賓
客而設的莊麗的庭園。他們在北京期間就住在該處。當晚即
與趙氏的智庫「發展研究委員會」（Development Research
Conmmittee）中的成員共進晚餐，討論翌日要與趙氏討論的
主題。

　　第二天上午費氏先對兩百位官員講演，其中許多是從遠
方選派而來的。他在這場講演中強調自由私人市場的重要
性，然後提出當時中國面臨的兩個最重要的問題：通貨膨脹
與價格雙軌制。這次講演與上海時的不同，是通過傳譯的，

所提問的問題也是經過傳譯的。但這次講演使費氏感到很興奮，因為他們所提出的問題都比八年前向他提出的要深入而銳利。

下午與趙紫陽會晤是這次為期兩週中國之旅的最高潮，他發現這次會晤有幾方面是非常特殊的：第一，趙氏與訪客之會晤通常只有半小時，這次卻是足足有兩小時。第二，在座的除了他們一群與趙氏的一些幕僚外，還有《人民日報》的記者。第三，在會晤之後，趙氏親自送他們到門外的車道，而且還拍了許多照片。這次會晤的本身也是很有趣的，除譯員外，只有趙氏與他兩人對話，當時他也將先準備好的備忘錄交給他，其內容約有四點：（一）結束外匯管制，建立外匯的自由市場，並容許匯率由市場決定。（二）制止通貨膨脹。（三）最快並最全面地解除各類工資與價格的管制。（四）以分權與私營取代政府對經濟的集權控制與國營企業。後來兩人對話的要旨亦不出於以上四點。（注10）

費氏一直認為，「瞭解經濟學是一種天生的本能，不是受教育而來的。許多非常聰明與經過高度專業訓練的經濟學家，能讀懂它的文字，但聽不到其中的音樂。在另一方面，一些稍有或者毫無經濟學之訓練的人對之則有直覺的體識。趙氏對我產生的印象是屬於後者。他顯示出對經濟情況以及市場如何運作都有一種透澈的瞭解。同樣重要的，趙氏體認到重大改革的需要，並顯示對於改革的一種開放態度。」例如，他在開場時所說的：「中共第十三次全國代表大會決

定，對於我們經濟活動的管理機制是國家調控市場，市場引導經濟。」後來費氏對他說：「這是不可能的，國家是從上而下而組成的，市場則是從下到上的機制。這兩種原則是相互牴觸的，國家能控制經濟一部分，市場也能控制一部分，但是趙氏所描述的兩者混合是不可行的。」他憶起當他在上海見到江澤民時，江也曾這樣說。五年後當費氏在北京再見到他時，他已是趙的繼任者。「但兩人之間有一極大的差異，趙後來對我的一些評論以及對我的那一評斷的解答中，就顯示出他瞭解那句話（國家控制市場，市場引導經濟）的前後兩部分是矛盾的，但江澤民則不能；趙表達出對於市場自由化之意義的真實的瞭解，江則沒有。」

　　費利曼後來知道他們那次會晤的舉行以及他們感到之方式的特殊，一部分的原因是趙氏在政治上當時已陷於困境，遭遇到許多麻煩。在過去八年，他是主張放鬆市場管制的主要倡行者，他同時也是一位經濟擴展綱領的熱烈支持者，他已受到因而增加人民銀行增發紙幣以致造成通貨膨脹的嚴厲責備，他也因為主張市場改革過度而受到嚴峻批判——雖然這實際上是減少通貨膨脹而不是增加通貨膨脹的壓力。在一次黨的高層會議中已形成了兩派：一派是趙氏領導的主張加強改革，另一派則為李鵬所領導的主張緩和改革。趙已失敗的謠言不斷流行，他與趙的那次會晤是趙要用來表示自己仍掌握實權。因此特別邀請《人民日報》記者參加，以便將會中情形報導出去。實際上，香港的報章對那次的集會的報導

就非常詳盡。

　　情勢的發展如果在八個月後不發生天安門廣場的事件，還不致達到最後攤牌的地步。當時趙不主張對學生施壓，這就決定了他下場的命運，一直被軟禁在家中到 2005 年逝世。共產黨的領導階層認為天安門廣場事件之所以發生，就是由於趙氏的市場自由化與擴大開放之主張所促成。對於這一點費利曼就被各報宣示為對趙影響極大者。對於這一點費利曼說：「對我不能發生任何影響，但對追隨趙的官員們則沒有這樣幸運。」（注 11）

　　在北京之行結束後，費利曼就往西安旅遊，那時最吸引人的是觀賞最近從墳墓中發掘出的秦朝兵馬俑，稍事羈留後就飛返香港。當時香港最熱烈討論的是 1997 年回歸後，中國主張推行「一國兩制」的問題，有些報章記者自然會訪問費利曼要他發表意見。他當時就坦率地說這是不可能的，因而引起許多爭議。他認為真正的問題不是兩制如何共存，而是香港的自由市場機制存在下去呢？還是中國的中央控制與市場機制之混合的制度？他表示不論中國政府的用意如何，他們不會忍受兩種通貨的共同流通：一種與美元聯繫的港幣，另一種是人民幣。（注 12）

三、1993 年末次訪華

　　這次旅行他們是於 1993 年 10 月 15 日到香港，然後於 19

日轉赴北京，到10月27日又回到香港，而於10月31日返舊金山，前後約十六日，分別在香港與中國大陸各住了八天。這次與前兩次訪華都不同，第一、這次完全是張五常安排的，第二、他倆只是一個共有約二十人的旅遊團的一部分。

第一站是成都，那時的四川省主席是趙紫陽的信徒，對改革政策甚為支持，對於市場制度亦有相當理解。其中最著名的是一個由對日抗戰時期的大防空洞改建而成的地下商場，非常廣大，還有娛樂場所，生意興隆，非常成功。第二站是重慶，只住了一夜就轉飛上海。到了以後就與一群主持公營企業與私營企業的人員共進早餐。當時談起國營企業私有化問題，並不很成功，主要的是國營企業的經理不願放棄權力。後來也談到外人投資，情形也不很美滿，因為外資之所以來投資大都是由於政府給予許多優待，例如前三年完全免稅，後三年則僅課50％的稅。這樣就顯然比國內投資居於優利地位，乃引起有些企業設法與一些少額的外資合作，俾能以外人投資名義享受同樣的優待，結果自會發生投機取巧之事。後來費利曼就在北京遇到一位青年企業家，他坦白承認自己是這樣做的。但也曾遇到另一青年完全獨立奮鬥，不願受到外人的牽制，兩人都表示自己的事業都很成功，對中國經濟前途都非常樂觀。

在上海費氏亦與汪道涵再圓良晤，這時汪雖非副市長，但仍主持一半官方的組織，成為當地國內外企業與政府之間的橋梁，為前者爭取了許多權利而獲得優厚的服務費。

　　當時上海正從事浦東區的開發，在黃浦江上建起一座大橋，將落後的浦東與上海市區直接快速交流，以促進大上海之發展，頗具成效。幾日後再轉赴北京，由曾邀請費利曼前往交換有關中國經濟改革與發展之意見的「中國經濟制度重建研究會」（Chinese Society for Research on Restructuring the Economic System）人員到機場迎接，送到與北京飯店相連接之新的大飯店居住。他在那邊曾與許多私營企業家與政府官員會晤，也與經濟學術界做過講演。

　　最重要的是與江澤民會晤，他們過去在上海時見過，這次江已是中共總書記及中央人民政府主席。在會晤時，江要費先提出一些觀感，費氏就用十分鐘的時間說明他對貨幣問題、複式匯率制與對外人投資優待過度諸方面提出一些意見，然後江氏接著談下去，談了四十五分鐘已到了預定一小時的時間（當時約定時間為下午五時到六時，六時後江須接待南非來的一位共和國總統）。費利曼猜想江這一舉措是不想再聽他有任何意見的意思。

　　在江的談話中有幾點是很清楚的，他不斷地提到社會主義的市場經濟，他對於這種經濟的瞭解與費氏的以及趙紫陽的不相同，他認為市場是一個完全可以由中央控制的機制。他舉日本與新加坡為範例，他認為日本的通商與產業省（Ministry of International Trade and Industry）是日本戰後經濟發展成功的主導者，同時新加坡的成功也是李光耀所主導的。這兩個範例吸引江的欣慕，因為它們能使中央政府發揮

領導的任務，在使用市場機制以肇致經濟成長與繁榮時仍保有它的權力。

在北京稍作覊留後即回香港，在那裡費氏爲香港經濟研究中心籌募資金，曾在一次大型的晚餐集會中報告訪華印象，後來又爲同樣目的，費氏參加了由該中心王于漸主任邀集十五位香港工商界主要人士的午餐。席間討論到1997年香港回歸祖國後的前途問題，費氏問在座的人士，如果事態的發展惡化時有無做他往之計畫，當時除一人外都說已有準備。這位例外的就是當時香港金融管理局總裁任治剛，他對北京當局會遵守與英所簽之協定有充分的信心，特別是對港幣與美元保持統一狀態，而與人民幣的交易率則聽任市場自由決定一節絕不會干預。費氏則認爲他這段話在政治立場上是絕對正確的，但他懷疑這位主管在內心眞有這種信心。以他自己論，他很懷疑中國會願意忍受兩種獨立的國幣的交換率可以聽由市場自由決定。在貨幣史上，他認爲只有一個先例，這就是美國內戰時期，當時黃金與綠背紙幣（green back）可以同時做爲貨幣，其交換率可由市場自由決定。

費利曼最後這樣說：「我不懷疑當中國接收香港以後，他們會繼續使香港仍爲一個繁榮的、有創意的金融與經濟中心，俾能繼續對大陸提供資本與企業精神。但以具有世界上最善良的意圖論，他們能做到嗎？我非常懷疑。……除非難以想像的事會發生，中國同時也採行香港的公民自由與經濟自由，香港可以保持成爲一個重要的金融與商務的轉口中

心，但不會再是一個重要的國際金融中心，逐漸會大量喪失其由個人自由、自由貿易、低度租稅與最少政府之干預所產生的生動創新的性格。中國自鄧小平之1976年的改革，從中央集權的統治轉變爲可享有較大的經濟的與公民的自由制度以來，曾有巨大的進步。但進步之所以巨大是因爲只能到達那一地步，而這只是走上香港視爲當然的、公民的與經濟的自由之途很短的一段距離而已。香港雖將受難，但是必須希望它能爲整個中國提供更多的刺激，使之能更進一步地、更迅速地邁向一個自由的、私有的市場社會。」（注13）

　　以上是費利曼三次中國之旅所獲的印象以及他自己的觀感。現在時間已過了十五年，可以看出他的看法與判斷有些是對的，有些則否，同時也有一些須看日後事態如何的發展。

注1： *Two Lucky People*, p.516。

注2： 同上注書，p.520。

注3： 同上注書，pp.523-524。

注4： 同上注書，pp.524-525。

注5： 同上注書，pp.525-526。

注6： 同上注書，p.517。

注7： 同上注書，p.518。

注8： 同上注書，pp.532-534。

注9： 同上注書，pp.535-540。

注10： 同上注書，pp.607-616，或 Milton Friedman, *Friedman in China*, The Chinese University of Hong Kong, Hong Kong, 1990, pp.121-140。

注11： 同注1書，pp.543-545。

注12： 同上注書，pp.545-548。

注13： 同上注書，pp.549-558。

第十七章　晚年生活

　　費利曼於 1977 年 1 月也就是他六十五歲時即遵照學校規定必須退休,乃決定遷往舊金山安度餘生,以實現他夫人於四十多年前第一次訪問該城後就懷著的夢想。他是先接受舊金山之聯邦準備銀行邀他作三個月之訪問學人的聘約,接著更重要的是史丹福大學內之胡佛研究院（Hoover Institution）還要聘他為永久研究員,這樣自然更是錦上添花了。他們是在該年 1 月初就到達舊金山的,從此以後就想可以輕鬆地生活了,可以隨時做自己所喜愛做的學術工作了。但是,後來事態的發展,這種意想卻不能成為事實。

一、電視傳播的嘗試

　　情形是這樣的,當他們到達舊金山幾天以後就接到一個電話,結果就促成了他們生活上一段最感興奮的經驗。這原是早些時候他們的朋友華萊士就告訴他們,不久有一位名為紀斯特（Robert Chiester）的會打電話給他們。華萊士還略略介紹這位先生是美國公共電視台（PBS）一位最不常見的主管,是一位自由至上主義者,很想利用電視去推廣自由市場的思想。這個電話就是這位先生打來的,說他想攝製一部電視紀錄片,向聽眾傳播自由市場的理念,以擴大它的影響力,並擬請費利曼擔任講述者,通過這次電話後,紀斯特就到他們的寓所去訪談。費利曼對於他這一建議,當初不願接受。他說:「我一向相信文字所發揮的影響力較大。……我

自己的任務是說服經濟學人，不是一般大眾。」但是，紀斯特很幸運，露絲卻站在他這一方面，表示「我一直對於向一般大眾直接傳輸的效果，持比較樂觀的看法。」後來這一建議在他們的寓所經過四次的討論，費利曼終於同意從事這種嘗試。

雖然他在2月就已口頭答應做這一工作，但真正開始工作是在7月26日，那時他才將口頭所答應的工作寫在紙上。然後寫了一封信給紀斯特告訴他，「如果製作的經費已經有把握了，我準備在未來一年到十八個月，將大部分時間與精力都用來從事這一系列電視節目的製作，以表達我自己的社會的、經濟的與政治的哲學。」（注1）

於是他即開始構思如何從事講解，而不斷地寫出幾章的講詞。接著就隨同攝製人員分赴國內外各地拍攝。國內即從華府開始，然後轉赴紐約、費城、舊金山、鹽湖城、雷諾（Reno）、洛杉磯的加州大學，以及新罕布夏的達德莫斯學院（Dartmouth College）等地。國外則從香港開始，因為他感到當時的香港是世界上一個最完全的自由市場經濟，可以充分表達出自由市場的優點。然後轉赴日本、印度、希臘、德國、英國的劍橋大學、曼徹斯特與格拉斯哥大學等地拍攝，後再經過剪接等等技術性的工作，到了1979年7月，這部經過了許多人辛勤工作的電視紀錄片終告全部完成，並命名為「自由的選擇」（Free to Choose），前後共歷兩年半的時間。

接著費利曼夫婦為配合電視紀錄片的播放，必須按其內

容寫成一本同一名稱的書，且須於該年耶誕節前出版，以便與電視之播放同時問世，結果該書就成為1980年美國非小說類之最暢銷書之一。到1990年已共銷一百萬冊，並有十七種文字的譯本。電視紀錄片在美國的播出極為成功，甚受一般觀眾讚賞。其他如英國、德國、日本、義大利、法國、瑞士等國亦有播出，反應亦甚熱烈，所以是一次很有成績的嘗試。（注2）

三年後他們又做第二次嘗試，但規模要小得多，費用也要省得多，結果影響力自然也要少得多。這一電視紀錄片稱為「現狀的專橫」（Tyranny of the Status Quo）。同樣地他們兩人也寫了一本同一名稱的書與電視的播放同時發行。他們自己看了以後也不很滿意，就好像是費利曼向參與的學生講課一樣，顯得相當單調。但這本書的反應卻還不錯。雖然沒有成為暢銷書，銷路還相當大，所獲之書評亦頗良善，至今還在印行中。

到了1998年，費利曼夫人在他們的《回憶錄》中曾這樣說：「由於我們製作『自由的選擇』已超過十七年了，為了重溫記憶，我們決定再看一次它的錄影帶。我有兩個反應，一、我們當時研討的問題，現在依然侵擾著這一國家，有許多情形可謂變本加厲。二、我們的意見顯然在思想世界占有一席之地，但是仍不乏批評者，他們今天所提出的反對意見以及解決方法與當時節目中之參與者所提出的完全相同。

「在我們回顧本章（指《回憶錄》第二十八章）所敘述的

情事時，所有一切似乎是一種神話，誰會想到從教職退休以後，米爾頓還能通過電視，將人類自由的思想傳輸給世界上許多國家之數以千萬計的人民，還有無數的人會讀到我們以此電視紀錄片爲根據而寫出的書，以及其他無數的人會通過卡式錄影帶對之有所領悟。

「儘管原來的電視廣播是重要的，這一系列講解的教育用途也許是它最重要的產品。人是在年輕時形成他們的意見的。很少人會對他們在十幾歲或二十多歲時所形成的基本意見加以改變的。」（注3）所以她感到很自滿。

最後他倆還有一次攝製電視片的經驗，這就是1989年11月由於東德人民追求自由所激發出之壓力的膨脹，阻止東西德人民自由往返的柏林圍牆終告倒塌。自此以後，整個東歐就進入一個改革開放時期。於是他倆就與紀斯特商洽是否可將東歐各國的這種情形加以攝製，以成爲「自由的選擇」的續集。結果大家同意了，他倆就決定於赴慕尼黑參加蒙柏崙年會之便就開始從事這項工作。全部工作人員就隨同前往捷克的布拉格（Prague），匈牙利的布達佩斯（Budapest）與波蘭的華沙（Warsaw）等地攝製。後返美加以編輯剪接完成後，因紀斯特無法洽妥電視台列入播出節目，結果只得聽由各電視台自行決定播放時間，事前毫無訊息發布，效果自然很差。就是費氏夫婦也是在一次途經夏威夷時偶然在旅舍中看到的，所以也不很成功。不過，它的卡式錄影帶仍在銷售中。（注4）

二、三次中國之旅

除了上述電視節目之製作外，第二項退休後的重要工作是他們於 1980 到 1993 這十三年間三度訪問中國，對於這三次訪華的經過我已於上章加以敘述，現可略加補充的是他倆曾於 1997 年 1 月乘輪船由舊金山巡遊到香港一次。那時在該地消磨了一週，正值中國農曆新年期間，各商店都休業三天，但承張五常的安排仍過得很愉快，尤其是一次與香港大學學人舉行座談，討論他一生在經濟學上的貢獻一節，更使他感到無上欣慰。（注 5）

同時，由於他自 1993 年離開中國到二十一世紀初期的這一段時間，對於中國經濟的發展仍隨時保持關懷的心情，因而當 2005 年 11 月他接受一次後來成為他一生最後一次的訪問時就表示，對中國之從事改革開放的前途，持有比他以前所持的較為樂觀的看法。例如，當訪問者問他中國目前推行的這種威權式的自由市場制度是否能長期維持下去時，他就表示不能，「政治自由最後將會從擊破其被約束的鐐銬中伸展出來。……如果他們在政治方面不能自由，它的經濟成長必會停滯下來，以致仍處於非常低落的水準。但情況不是完全陰暗的，政治自由已在中國大量地增長，這就會激發個人與國家之間更多的衝突。其中有新興的一代曾在國外受過教育，曾到過國外旅遊，他們親身體識到國外所採的各種不同的方法，因此，中國政府之威權性格已在軟化中。香港是帶

頭的地點，如果中國堅守讓香港走它自己的路的協定，接著
中國也將會走上這同一的道路。如果他們不遵守他們的協
定，這會是一個惡劣的信號。我是樂觀的。」

接著訪問者又問他：「因此你認為自由與自由市場會勇
往直前地邁進二十一世紀，而不會在中國或其他地區重新再
走回頭路？」

費氏就說：「是的，整個世界多多少少都在維護自由，
社會主義在傳統的意義上是指生產工具的國有，並由政府使
用這些生產工具。今天除了北韓與一、兩個其他地區外，已
沒有人會以這種方式來解釋社會主義了，這種解釋永遠不會
再回來。柏林圍牆的倒塌對於自由之進步的貢獻，比所有我
自己與海耶克所寫的書都要大得多。今天的社會主義只是指
政府將富有者手中的所得，轉移到貧窮者手中的意思，它是
關心所得的轉移，不是所有權。這仍是一般的涵義。」（注
6）

三、蒙柏崙學會五十週年會的參與

在他晚年生活中之第三件重要的事，應該是於 1997 年赴
瑞士蒙柏崙參加蒙柏崙學會成立五十週年的紀念會。為了重
視五十年前場地的情景，籌備者特別限制參加的人數，俾能
住入當時的旅館 Hotel adu Parc。結果到達的人數還是超過該
旅館的容量，只得改在 Le Mirador 的另一較大的華麗旅館舉

行。

　　該會於1947年成立時參加者只有三十九人，到了五十年後就只剩杜萊特、艾雷（Maurice Allais）與費利曼三人仍然生存，而到會者則只有費利曼一人。會議的討論題目仍與第一次的一樣，世界已改變了，但那時討論的問題則仍完全切時。最後一個節目是「回顧與展望」，費氏曾如此發言：「我記得當時我們參加的人都認為中央計畫與國有化的傳布是對自由之主要的威脅。英國正選舉了一個社會主義的工黨政府，法國是在推行所謂『指引性的計畫』（indicating planning），美國政府在戰時所推行的計畫則已予政府干預以卓著聲譽，俄國的中央集中的威權制度在西方知識份子中受到高度的肯定。

　　「那種威脅，以其原來的形式論，是消除了。中央計畫在每一保有大量公民自由的國家都失敗了，左翼人士立即想從直接控制生產，轉移到通過管制對之加以間接的約束，使用租稅制度去重新分配企業產量。管制與福利國家已成為自由的主要威脅，不是社會主義，這種情形現在還是存在。

　　「從輿論的氣氛方面來判斷，我們已在思想戰場取得勝利。每個人，不論是左派還是右派，都歌頌市場、私有財產、競爭、有限制的小型政府的優點。無可置疑的，蒙柏崙學會與其在世界各地的許多贊助者，對於這種輿論上的轉變是有貢獻的。但是，對於這種轉變更有貢獻的是事實的力量，柏林圍牆的倒塌，遠東的香港、新加坡、台灣與南韓這

四小龍的驚人成就，最近則有智利的成功。」

　　但是，他接著說：「表面上的現象是靠不住的，在實踐的層面，我們的經濟自由比這一學會成立時則少了，美國政府的支出已從占國民所得的20％增加到40％，西方各國也發生同樣的情形，同樣重要的，對於產量與人民行為的管制範域與程度也都大量的增加。我們在議論的層次是勝利了，但在實踐的層面則失敗了。

　　「作為一個天生的樂觀主義者，我相信我們正看到思想與行動之間通常有幾十年的落差，政府的成長已大量停止而正在轉移方向中，雖然是緩慢的。」（注7）

　　到了2005年，前面已提到他曾接受一次訪問。那位訪問者最後提出這樣一個問題：「最後你的思想已戰勝了馬克思與凱恩斯，那麼，現在是否已走到了經濟思想發展道途的盡頭呢？除了自由市場是組織一個社會之最有效率的方法之外，是否還有什麼可研討的呢？這是否到了福山（Francis Fukuyama）所說的『歷史的終結呢？』」

　　費氏說：「不是的，『自由市場』是一個很一般性的名詞，其中會出現各式各樣的問題。自由市場的運行是最妥善的，如果當兩人的交易只影響這兩人。但這不是事實，會影響第三者。事實上常常你與我從事交易的結果，就成為所有政府要處理的問題的根源。這就是所有汙染問題、分配不平均問題產生的根源。現有些優秀的經濟學家如貝格、盧克斯（Robert Lucas）正在研究這些問題。保證歷史終結的現實永

遠不會出現。」（注8）

四、摯愛的合作

最後我們可以談談費利曼夫婦間之合作的情形，他在兩人合著的《回憶錄》中曾這樣說：「我的職業是專業經濟學家，除了一本書（《消費函數的一種理論》）外，露絲在我所有著作中都肩負著協助的任務。她閱讀並批評我寫的作品，不只是一位主要的操作者。

我的副業是公共政策，在這一部門露絲則為一同等的夥伴，儘管這些作品，如《新聞週刊》上的，是以我的名義發表的。」（注9）

他在1992年出版了最後一本學術著作《貨幣的傷害：貨幣史上的一些事件》（*Money Mischief: Episodes in Monetary History*）就是獻給露絲，感激她「超過半個世紀的摯愛的合作。」（注10）

由於她的「超過半個世紀的摯愛的合作」，他還能創立「費利曼增進自由獎」（Milton Friedman Prize for Advancing Freedom），獎金50萬美元，每隔一年頒贈給一位對增進自由最有貢獻的人。第一屆是在2002年卡托研究所成立二十五週年時頒給英國經濟學家鮑威爾（Peter Bauer），可惜他在獲獎前已告逝世。第二屆於2004年贈給南美倡導自由主義思想最卓著者戴蘇托（Hernando de Soto）。第三屆則於2006年贈給

愛沙尼亞（Estonia）前總理雷爾（Mart Laar），他在其國內實行市場改革。（注11）

　　露絲對他協助最多的自然是在日常生活方面，尤其是到了晚年，他經過兩次心臟血管繞道手術以及背部的宿疾，身體自然日益衰弱，但他終能比他父親多活了數十年，也比他許多朋友與學生都要長壽，例如他的摯友斯蒂格勒與華萊士都分別於1991年與1998年就先逝世了。這些都不能不歸功於露絲的細心照料。但是，儘管如此，他還是於2006年11月16日離開她這一「超過半世紀的摯愛的」伴侶而先走了。當這一惡耗傳出以後，英國的前首相柴契爾夫人就說：「費利曼是將已被遺忘的自由經濟學復活過來。」早年芝加哥大學的學弟薩繆森則說：「他改變了經濟學家的專業之內容與意識型態比任何一個人都要多。」（注12）的確，這些就是他自己也是承認的。例如他在與露絲共寫的《回憶錄》中最後就這樣說：「從實踐方面來說，我們大部分是在失敗的一方，儘管也有些成功的地方。從思想方面來判斷，我們是在勝利的一方。」（注13）素以天生的樂觀主義者自許的這位被稱為二十世紀後半葉最有影響力的經濟學家，對於死神的來臨，應該是無憾的。

注1：　*Two Lucky People*, pp.471-473。

注2： 詳情可閱上注書，第二十八章。

注3： 同注1書，pp.503-504。

注4： 同上注書，p.515。

注5： 同上注書，p.581。

注6： 這篇訪問記曾發表於2006年春的 *New Perspectives Quarterly*。後成為 Lanny Eberstein, *Milton Friedman, a Biography*（Palgrave, Macmaillan, New York, 2007）一書的附錄，本文係譯自該書p.246。

注7： 同注1書，pp.582-583。

注8： 同注6書，p.248。

注9： 同注1書，p.XII。

注10： Milton Friedman, *Money Mischief*, Harcourt Brace Jovanovich, New York, 1992, p.V。

注11： 同注6書，p.236。

注12： 同上注書，p.241。

注13： 同注1書，p.588。

第十八章

費利曼在經濟學史上的地位

　　就二十世紀論，世界上對經濟學之貢獻最為卓越、所產
生之影響最為巨大的，第一位應為凱恩斯，第二位應為不久
以前逝世的費利曼。他們兩人思想各異，前者有所謂凱恩斯
革命，後者亦有所謂唯貨幣論者的抗拒革命（monetarist
counter-revolution），可謂針鋒相對。但就二者學理之根源
論，實在出自同一體系，這就是英國古典經濟學的傳統。

　　我們知道，英國是現代資本主義的發祥地，在其發展過
程中所發生的問題與所產生的變化，自然也就比其他各國所
發生的要早。這樣想要對於這些變化加以研究、並對於這些
問題求出對策的經濟學，也就先在英國形成。蘇格蘭學人亞
當・斯密於1776年出版的《國富論》（ *The Wealth of Nations* ）
就成為經濟學之一種獨特學問的第一部著作。自此以後，英
國經濟不斷發展，一直在世界經濟發展上居於領導地位，這
樣從事這方面研究的經濟學家也就不斷增加。但由於各人所
處的時間上的差異，所面對的實際情勢與所要解決的問題自
然也有所不同，最後所提出的對於事象解釋的經濟理論與對
經濟問題之解決對策自然也是新穎的。這種對於資本主義的
發展情勢不時加以分析，對其中產生之問題不時提出對策，
就成為英國經濟學界的古典傳統。現在我們不妨將這一傳統
中所曾發生突破性的變革，也就是經濟理論上的所謂革命略
作敘述。（注1）

　　首先要提出的是亞當・斯密之創始性的貢獻。他在《國
富論》中所要說明的是自由放任政策的確當性。他認為當時

通行的商業制度所提出的許多限制措施，不但剝奪個人自由，而且還妨害勞動的移動，使其不能得到有效率的就業機會。他主張自由貿易與自由企業。他那著名的「一隻看不見的手」的理論就出現於批評重商主義的章節，他說：「他（每個人）都是只爲求他自己的利益，他在這一場合，正像在其他許多場合一樣，都被一隻看不見的手所引導去達成一個目的，這一目的都不是他所想達到的。」（注2）他的實際目的是要摒除重商主義對資源有效利用的阻礙，認爲社會中每個人之個人的與政治的利益，都可透過市場的運行而獲得滿足，以造成和諧的結果。

　　其次要提到的是李嘉圖（David Ricardo, 1772-1823），他是第一位英籍猶太人成爲偉大的經濟學家。他在青少年時期就在繼承祖父與父親所從事的證券交易業中發了大財。到二十七歲時讀到亞當‧斯密的《國富論》而轉事經濟學的研究。到了三十八歲才寫出第一篇著作。到了四十三歲才寫出第一本重要的小冊子，稱爲《研討利潤的論文》（*Essays on Profits*）。他在其中對於當時（1815年）正在國會中研議的「穀物條律」（Corn Laws）非常反對。他認爲經過長期的拿破崙戰爭（1800-1814年）以後，英國要想保持其工業在世界上的領袖地位必須讓糧食自由進口，因爲國內土地有限，加上農業生產又受報酬遞減的限制，糧食供給必然減少，其價格自然上漲。這樣工資勢必亦須增加，工資增加則利潤減低，利潤減低則阻礙資本累積，結果工業必定衰退。因此禁

止穀物進口的穀物條律必須廢除。到了1817年他還寫了一部《政治經濟學與賦稅的原理》（*On the Principles of Political Economy and Taxation*）對這種道理加發揮，乃成為繼亞當‧斯密之《國富論》之後的第二部古典經濟學的名著。

李嘉圖在該書中還提出一種勞動價值論，並將貨幣現象的分析與生產的分析加以分離。這兩點對於後來經濟學的發展都有相當影響。所謂勞動價值論，根據馬夏爾的解釋，認為生產的價值是來自所用之勞動的數量、勞動的質量，以及過去消耗於所用工具上的勞動。（注3）這種理論後來也出現於彌爾的著作，促成為一種勞動被剝削的理論，乃被馬克思所採用。至於將貨幣之分析與生產之分析相分離這一點，則一直保持到凱恩斯時才將之打破，自為李氏經濟見解的一大弱點。同時，李氏這本《原理》寫得很抽象、很乾澀、很散漫，也是一種弱點。

第三位要提到的是彌爾（John Stuart Mill, 1816-1873）。他是李嘉圖的學生，但他的著作則不是以抽象方式寫出的。他是一位非常博學的哲人，在經濟學上的代表作為《政治經濟學原理及其在社會哲學方面的應用》（*Principles of Political Economy with Some of Their Applications to Social Philosophy*），是在1848年出版的。由於這本書原是他父親要他將李嘉圖的《原理》作一完整的總結而寫成的，所以就常被視為是李嘉圖《原理》的翻版，對之不很重視。但實際上這是一部包羅經濟學全部內容的教科書，流行非常之廣，到

1871年止一共出了七版。從整個書名中就可知這是一部將理論與其應用連結在一起的著作，由而自可看出他的用心是想成爲一部「新的《國富論》」。雖然他對於他偉大的前輩亞當・斯密與李嘉圖等都很敬重，但他卻邁往不同的方向，因爲他所生長的已是一個工人階級逐漸覺醒而感到不平的年代。他對於他們的處境非常同情，而要作爲一位社會改革者。

　　一般都感到亞當・斯密的《國富論》與美國的獨立宣言都同在1776年發表是有其特殊的時代意義的，這就是重商主義的沒落。同樣的，彌爾的《政治經濟學原理》與馬克思的《共產主義者宣言》（Communist Manifesto）都同在1848年發表也有特殊的時代意義，這就是工人階級的覺醒而希望有所改進。彌爾當時對於法國所發生的革命，表示要建立社會主義的體制，是相當感動的。他認爲社會主義是人類將來希望之所寄，但就當時英國的情形論，他認爲人民還沒有成熟到想在社會制度方面做巨大的變化。他相信在保持私有財產的制度下從事改革是必要的，是可以成功的。

　　彌爾在經濟學上有嶄新的見解，認爲生產定律與分配定律是有分別的，前者含有物理眞理的性質，是不可變的；後者則爲臨時性的，是可因社會習俗的不同而變動。（注4）他之所以要將兩者如此區分，顯然是爲了這樣就可將經濟學原理與他想要從事的社會改革乃至日後推行的社會主義連接起來了。

第四位要提到的是馬夏爾（Alfred Marshall, 1842-1924），他是英國經濟學家繼彌爾之後最傑出者。他在1890年出版了一本《經濟學原理》（*Principles of Economics*），是繼彌爾的《政治經濟學原理》之後統領經濟學界一直到1930年代。這是在經濟分析史上的一塊里程碑。彌爾花了十八個月寫成他的《政治經濟學原理》，馬夏爾則消耗了一生使經濟學發展成為一種與物理與生物科學具有同樣標準的獨立科學。（注5）為了達成這一目的，他還將政治經濟學一詞中去掉「政治」二字，以示這是一部沒有主觀價值判斷的完全客觀的純粹科學。自此以後，一般也都隨而逕稱之為經濟學了。

馬夏爾曾以下列一段話說明他何以要研究經濟學：「我從形而上學轉到倫理學，感到要將社會現存的狀況找出其所以存在的理由並不容易，一位已讀了許多現在稱為道德哲學的著作的朋友常這樣說：『啊！你如果瞭解政治經濟學就不會這樣說了，』因此我就去讀彌爾的《政治經濟學》，感到非常興奮。我懷疑機會不平等的正當性，而不是物質享受的不平等。於是我在假期中就遍訪幾個城市中的最貧窮的地區，走過一街又一街，面對這些最貧窮的人的容貌，接著我就決定要將政治經濟學儘可能地加以徹底的研究。」（注6）他在《政治經濟學原理》的第一章就說，貧窮問題「……給經濟研究以它們的主要的最高級的旨趣。」（注7）

當他於1885年任劍橋大學政治經濟學教授時就發表演

說，其中曾以此做為結論：「這是我最希求完成的願望，也是我最力求實現的企圖，要以我微薄的才能與有限的精力，為偉大的強人之母的劍橋，培養出更多具有冷靜的頭腦與溫暖的心的人才，願意走到世界，盡他們的力量去解除他們周身的社會貧困，而且都會決定非到將所有可用來增進美滿而高尚生活所需的物質資源儘量發掘絕不停止。」（注8）

　　一般來說，馬夏爾認為在私有企業制度之下是可以解決貧窮問題的，他一度也像彌爾那樣相信社會主義，但後來放棄了，因為他認為社會主義者所敘述的則非事實。（注9）那麼，在私有企業制度之下又如何解決呢？他首先提到的是要推廣教育，他認為政府在教育方面的支出是一種國民投資（national investment）。（注10）其次，他則呼籲工商界人士都發揮幫助弱者的武士精神。他認為民間仍有許多對於中古時代之騎士道或武士精神非常崇敬，如果能對他們說明救助貧窮的重要，他們自會踴躍捐獻。（注11）他在這方面非常努力，他原來是數學家，當他寫《政治經濟學原理》時最初是將彌爾所論述的以及他自己想到的都用數學方式表達出來。但他認為這樣無法使一般不懂數學的人士有所領會，所以改用簡單明瞭的語句書寫出來，而將數學推理放在書後的附錄裡。他採用「局部均衡分析」（partial equilibrium analysis），而避免須利用數學將複雜情形表達出來的「一般均衡分析」（general equilibrium analysis）也是為了便於一般人士的瞭解。馬氏這種要向工商界人士呼籲發揮武士精神的方

法，就與彌爾的態度迥然而異，後者是拒絕接受社會上層階級之慈善的。

第五位要說的就是凱恩斯。他是馬夏爾的學生，但他對資本主義經濟的穩定性早在1919年就表示懷疑，對於自由放任政策亦無信心。到了1920年代後期發生經濟蕭條，產生了大量的失業，就更感到非積極另謀對策不可，乃於1936年有《就業、利息與貨幣的一般理論》的出版。其中主要的論據是社會之就業與生產的總量乃取決於總合需要，這一數量則取決於消費與投資的總和。他認為他這種理論可用來解釋整個社會之各種不同的就業水準，不像古典理論那樣只能解釋當社會處於充分就業時的境況，所以他稱自己所提的這種理論為《一般理論》，而古典理論則為特殊理論（special theory）。

那麼，社會中之消費與投資的數量又如何決定呢？凱恩斯說有兩種方法，一為貨幣政策，另一為財政政策。所謂貨幣政策，就是通過貨幣數量的增減影響利率的高低，並由而決定投資的多寡，利率低可使投資增加，利率高則會減少投資。這樣他就將貨幣與生產連接起來，打破了李嘉圖所留下的傳統，是經濟學上一大進展。因此如要增加投資只要減低利率就可以了。但他認為貨幣政策所能發揮的效力並不宏著，乃提出財政政策以為補充。所謂財政政策就是政府可以向人民借款的方式籌得財源，從事支出。這種支出當為人民之所得，人民有了所得以後自然會增加消費。這樣如果投資

與消費都增加了，就要使用更多的資源（包括人力資源）來滿足以上的需要，結果人的就業機會也就多了。由於這些資源原本就沒有被利用，只要付出當時的價格它們就會接受，因此也就不會促成物價上升而發生通貨膨脹的問題。

　　說到這時，我們必須知道，英國經濟在世界上的領導地位到了凱恩斯階段已逐漸消失了。開始時是受到第一次世界大戰的傷害，而美國的工業生產力量則不斷增強。到了1920年代，英國經濟如上所述已經不振，後來又發生了第二次世界大戰，所受的傷害就更巨大。這樣也完全喪失了十九世紀以來所具有的活力。美國經濟則取英國而代之，成為世界的巨霸。不過，儘管如此，英國的經濟理論則仍居領導地位，美國經濟學界仍承受英國傳統的陶冶，尤其是凱恩斯的《一般理論》更為美國學術界所讚許，因其立論也有一部分是以美國情況為根據，對美國所面臨的問題之解救亦多足以借鏡之處。所以，凱氏逝世以後所形成的凱恩斯學派，真正的大本營是在美國的劍橋——哈佛大學的所在地，並不在英國的劍橋——劍橋大學的所在地。現在只要略舉一端就可見其聲勢之浩大了，這就是第一位美國經濟學家得到諾貝爾獎的薩繆森，他根據凱恩斯理論所寫的一本經濟學教科書自1948年出版以來，到現在已將六十年了還是在銷售中。他每三年修正改版一次，到現在已出到十九版了。此外，以他這本書為藍本的仿製品，在美國有不少，在其他各國亦有很多，更不用說還有許多文字的譯本了。所以他這一本書不但在美國大

學是教科書，還可以說是世界各國大學中的教科書，其影響之大又豈是其他所有的經濟學界前輩與同仁所能望其項背。不過，到目前爲止恐有一例外，這就是他的芝加哥大學的學長費利曼，理由在下面就要提到。

　　凱恩斯學派自 1950 年推行其政策以來確有許多成就，只是凱恩斯的理論基本是一種短期分析，如果行之久遠必會發生問題。因爲它是英美兩國經濟 30 年代經濟蕭條的產物，那時雖有許多資源未加利用，但如一再將其政策加以推行，最後必會發生資源不足的窘境。結果不到二十年這種情況果然發生。這時不但物價上漲了，失業也隨著增加，造成了所謂停滯膨脹的現象。由此可見，凱恩斯所提出的實不是「一般理論」，而是針對 1930 年代英美經濟現象的「特殊理論」。

　　在另一方面，當凱恩斯學派聲勢浩大的時期也仍有些人不願順從的，其中最典型的人物就是費利曼。他畢生遵從古典傳統，從事經濟理論研究與實際情形分析的過程中，寫出了許多重要的文章，有時還將之電視傳播，這些在以上各章都已有敘述。但沒有一本可將其全部思想表達出來的著作。現在我姑按以前各章之所述僅就其政策主張方面概括成下列三點：

　　（一）貨幣數量穩定是經濟穩定的根本，要達到此一目的則應以一國經濟成長率爲標準訂定其所須之數量，然後以此數量爲依據做爲遵行的規則，徹底實施。

　　（二）減少政府對經濟的干預，聽由市場機能自由運

行。

（三）政府機構必須減少，以增進經濟效率。

以上三點曾為英美諸國所採行，收效頗著。以其所以產生之根源論，自仍來自英國的傳統，可視為繼凱恩斯之後的一種新發揮，而費利曼卻是一位猶太裔的美國人。但這已不足為怪，因為今天的美國由於經濟一直居於世界上的絕對優勢，經濟學的研究也已成為世界的中心。這從1969年諾貝爾經濟學獎創立以來每年的得主絕大多數都是美國人就可看出其端倪，而且大都與費利曼所念的芝加哥大學有相當的關係。如果此種趨勢不改，則經濟思想史上的所謂英國傳統就要變成美國傳統，費利曼就成為這一傳統的開山鼻祖，這就是他在經濟學史上的地位。就此而論，薩繆森在經濟理論上雖已有非常卓越的貢獻，而且目前仍在精研中，但他畢竟是屬於凱恩斯時代的。

注1：　參考 Dudley Dillard, "Revolutions in Economic Theory", *Southern Economic Journal*, April, 1978。

注2：　Adam Smith , *The Wealth of Nations*, Modern Library, New York, 1937, p. 423。

注3：　Alfred Marshall, *Principles of Economics*, Macmillan & Co. Ltd., London, 1938, pp. 813-821。

注4 ： J. S. Mill, *Principles of Political Economy with Some of Their Applications to Social Philosophy*, The Colonial Press, New York, 1899, p.236。

注5 ： Royal Economic Society, *The Collected Essays of John Maynard Keynes*, vol. X, Essays in Biography, Macmillan, London, 1972, pp222-223。

注6 ： 同上註書，p.171。

注7 ： 同注3書，p.4。

注8 ： A. C. Pigou, *Memorials of Alfred Marshall*, Kelley& Milliman, New York, 1956, p.174。

注9 ： Alfred Marshall, *Industry and Trade*, Macmillan, London, 1919, p.VII。

注10 ： 同注3書，pp. 216-218。

注11 ： 同上註書，pp.719-721。

國家圖書館出版品預行編目資料

偉大經濟學家費利曼／施建生著.--第一版.
　--臺北市：天下遠見，2009.01
　　面；　公分.--（財經企管；CB404）

ISBN 978-986-216-264-4（平裝）

1. 費利曼（Friedman, Milton, 1912-2006）　2. 經濟學家
3. 傳記　4. 經濟思想

550.189　　　　　　　　　　　　　　　　97025725

閱讀天下文化，傳播進步觀念。

* 書店通路 —— 歡迎至各大書店·網路書店選購天下文化叢書。

* 團體訂購 —— 企業機關、學校團體訂購書籍，另享優惠或特製版本服務。
  請洽讀者服務專線 02-2662-0012 或 02-2517-3688＊904 由專人為您服務。

* 讀家官網 —— 天下文化書坊
  天下文化書坊網站，提供最新出版書籍介紹、作者訪談、講堂活動、書摘簡報及精彩影音
  剪輯等，最即時、最完整的書籍資訊服務。

  www.bookzone.com.tw

* 閱讀社群 —— 天下遠見讀書俱樂部
  全國首創最大 VIP 閱讀社群，由主編為您精選推薦書籍，可參加新書導讀及多元演講活
  動，並提供優先選領書籍特殊版或作者簽名版服務。

  RS.bookzone.com.tw

* 專屬書店 ——「93巷·人文空間」
  文人匯聚的新地標，在商業大樓林立中，獨樹一格空間，提供閱讀、餐飲、課程講座、
  場地出租等服務。
  地址：台北市松江路93巷2號1樓　電話：02-2509-5085

  CAFE.bookzone.com.tw

財經企管④

偉大經濟學家費利曼

作　者／施建生
系列主編／林宜諄
責任編輯／劉翠蓉、陶允芳（特約）、張怡沁
封面設計／吳慧妮
美術設計／吳慧妮

出版者／天下遠見出版股份有限公司
創辦人／高希均、王力行
遠見・天下文化・事業群　董事長／高希均
事業群發行人／CEO／王力行
出版事業部總編輯／王力行
版權部經理／張紫蘭
法律顧問／理律法律事務所陳長文律師　　著作權顧問／魏啓翔律師
社　　址／台北市 104 松江路 93 巷 1 號 2 樓
讀者服務專線／（02）2662-0012
傳　　眞／（02）2662-0007；2662-0009
電子信箱／cwpc@cwgv.com.tw
直接郵撥帳號／1326703-6 號　　天下遠見出版股份有限公司

電腦排版／立全電腦印前排版有限公司
製版廠／立全電腦印前排版有限公司
印刷廠／盈昌印刷有限公司
裝訂廠／明輝裝訂有限公司
登記證／局版台業字第 2517 號
總經銷／大和書報圖書股份有限公司　　電話／（02）8990-2588
出版日期／2009 年 1 月 15 日第一版
　　　　　2012 年 10 月 1 日第一版第 2 次印行
定價／300 元
ISBN：978-986-216-264-4
書號：CB404

BOOK zone　天下文化書坊 http://www.bookzone.com.tw

相信閱讀

Believing in Reading